그린세담 ^{世談}

굿라이프 4

世談
그린세담

유상오 | 전성군 지음

이담
Books

유럽과 일본은 '농촌을 떠났던 사람들과 도시의 자본을 다시 역류시키는 방법'으로 농촌을 되살리고 있다. 농촌 되살리기 활동은 농업인에게 희망과 용기를 줄 수 있음은 물론 농촌사회가 원활히 유지될 수 있도록 도울 수 있는 훌륭한 도구가 된다.

이를 위해서는 첫째, 도시 청소년과 중·고등학생의 대상에 맞는 농촌문화체험, 농촌자원봉사 등을 '봉사학점제'와 연계시킨 프로그램을 적극 개발해야 한다. 둘째, 도시 학생이 짧게는 10일, 길게는 1년 동안 농촌 학교로 전학 와서 생활하는 적극적이고 능동적인 '농촌 유학' 시스템이 구축되어야 한다. 셋째, 농촌 볼런투어리즘(voluntourism＝봉사＋관광) 확산을 위한 정부·단체·기업들의 체계적이고 적극적인 지원시스템이 구축되어야 한다. 넷째, 8거리 개발과 함께 마을가꾸기의 오감활용이 필요하다. 마을가꾸기 핵심 8거리(볼거리, 먹을거리, 쉴 거리, 알 거리, 할 거리, 일거리, 놀거리, 살 거리)를 통해 지역자산의 가치 증진과 농산물의 부가가치를 만들어 판매하자는 것이다. 여기에다 마을 가꾸기의 오감 활용(시각, 청각, 미각, 후각, 촉각) 등에 만족을 줄 수 있는 다양한 소재를 개발해야 한다. 그리하여 8거리와 오감의 복합화를 통한 차별화된 농촌테마개발이 필요한 시점이다. 그래서 오늘 필자가 용기 내어 제안하는 것이다.

이 책 내용은 두 가지로 분류되어 있다. 전편은 유상오 박사가 비교적 최근 현장의 시각에서 본 농촌에 관련된 칼럼을 연재한 것을 모아둔 것이다. 또 후편은 전성군 교수가 농촌사랑운동이 본격적으로 시작된 2004년부터 최근까지 기호일보 난에 연재했던 칼럼들을 모은 것이다. 그리고 독자의 이해를 돕기 위해 칼럼과 관련된 사진자료를 덧붙였다. 아무쪼록 이 책이 농촌세상을 보는 또 다른 눈을 가질 수 있는 계기가 되었으면 하는 바람이다.

2009년 3월 유상오, 전성군 씀

목 차

제1부

유상오의 추억을 꺼내주는 (農)세상 엿보기

1. 강춘성 論

여러분은 강춘성 회장을 아시지요. 우리 농업계에서 가장 존경받고 1990년대와 2000년대의 농민운동을 이끈 어른입니다. 인터넷 뉴스에서 찾아보면 간단히 그의 이력을 알 수 있습니다.

강 회장은 농민단체 총연합회회장, 한미 FTA 농·축·수산대책위 공동대표, 전국농업기술자협회 회장 등을 연임하고, 90년대 우루과이 라운드와 WTO 대책위, 최근의 한미 FTA까지 다양한 분야에서 농업계의 원로로서 현장의 지휘부로서 활동을 했습니다.

그러던 그가 올해 초 전국농업기술자협회 회장을 끝내고 경남 사천시 곤양면 대진리 산 70-1 자신의 농장으로 들어가 세상을 등지고 중앙무대에 얼굴 한번 비춰주지 않고 조용히 숨죽이고 있었습니다. 심지어 친한 이들과 지인의 경조사에도 한 번 가지 않았습니다.

평소 존경하던 강 회장에게 무슨 일이 있었던 것인가요. 궁금하기도 해서 지난주 시간을 내어 서울에서 사천까지 차를 몰고 갔습니다. 강 회장께서는 이순신 장군이 지켜냈던 사천 앞 바다가 보이는 농장에서 일하고 계셨습니다. 10평 남짓한 방에서 기거하고 계셨습니다. 말이 방이지 이것은 원래 40여 년 전 대학을 졸업하고 공무원 생활을 그만둔 후부터 한참 낙농업을 하실 때 소가 마시던 물탱크였다고 합니다. 물탱크에 물이 누수가 되어 마땅히 쓸 용도가 없던 차에 낙향을 하고 이것을 건물로 고쳐 사용한다고 합니다.

작은 원룸입니다. 화장실과 부엌, 그리고 침대와 서재가 하나로 되어 있는 방에서 혼자 기거하신다고 합니다. 사모님은 진주에서 여성복지 일을 하시고 자신은 자신의 노년의 실험을 하기 위해 혼자라시며 껄껄 웃으십니다.

70이 넘으신 노운동가가 무슨 일을 하는지 보고 싶었습니다. 강 회장은 "전 세계에서 가장 힘들게 사는 농민은 염소를 사육하는 농민"이라고 강조합니다. 사하라 사막에서, 아프가니스탄에서, 이라크에서 최저의 생활을 하는 사람들은 염소를 치는 유목민입니다. 양을 키울 형편도 되지 않는 가난한 사람, 대지의 저주받은 사람이 염소 키우는 사람이라고 전합니다.

그러면 우리나라는 어떨까요. 우리나라도 마찬가지라고 합니다. 염소를 키우는 5만 농가 중 대규모 사육농가는 전국을 통틀어 100여 농가 정도라고 합니다. 대부분의 농촌에서 염소 4~7마리를 키우는데 이것은 경제성을 찾을 수 있는 규모가 아니라고 합니다.

너무나 가난해 이들이 정부에 요구할 수 있는 통로도 없다고 하고 정부의 지원이나 보조금도 없다고 합니다. 굳이 한우와 비교한다면 재벌과 거지가 어울리는 표현입니다. 이런 염소를 강 회장께서 키워 잘사는 염소부농의 모델을 농민들에게 보여주고 싶다는 것이 강 회장의 마지막 꿈이라고 합니다. 생텍쥐페리의 어린왕자와 같은 순수함이 묻어나옵니다.

강 회장의 염소농장을 돌아보았습니다. 혼자서 옛날 한우 농장을 염소농장으로 개조했답니다. 염소사육 체계를 두 가지로 나누어 놓았습니다. 염소사의 오른쪽은 염소 생산을 위해 어미와 새끼를 사육하는 장소로 사용하고 있었습니다. 반대쪽은 염소를 출하하기 위한 비육장소로 사용하고 있었습니다.

강 회장의 하루는 아침 9시 일과를 시작해 6시면 일과가 끝납니다. 9시에서 11시까지는 염소 사료를 주고 지난밤의 염소상태를 살펴봅니다. 새끼염소가 태어났는지, 서로 싸우는지, 대장염소가 잘 있는지, 먹이는 다 먹었는지, 아픈 염소는 없는지 등을 봅니다. 11시에서 12시까지는 간단한 농장정리를 하고 점심을 먹습니다. 점심식사를 하고 두 시간 정도 여유가 있습니다. 이때 운동도 하고 편지도 쓰고 책도 읽으신다고 합니다.

최근 강 회장이 읽는 책은 박경리 선생의 유고시집이라고 합니다. '버리고 갈 것만 남아서 참 홀가분하다'라는 시집이 너무 공감이 간다고 말씀하셨습니다. 박경리 선생은 '토지'라는 거대한 현대사를 소설을 통해 집대성한 분이셨고 일본에 대해 뚜렷한 주관을 가지셨다면 강 회장은 농업과 미국이나 외세에 대한 자주적인 시각을 가진 분이라고 할 수 있습니다. 제가 보기에는 "두 분 다 사람을 수단으로 대하는 계산된 만남과 상업적 수법으로 대하는 것을 경계하시는 것" 같습니다.

다시 3시에서 5시까지는 염소를 방목합니다. 두 시간 정도 염소를 운동시키지만 비육염소는 우리에 있어야 합니다. 염소도 마블링이 중요하기 때문이랍니다. 그리고 염소먹이를 다시 주고 농장을 정리하면 6시, 하루 일과가 끝난다고 합니다. 염소 400마리를 혼자서 키운다는 것은 여간 어려운 일이 아닙니다. 가끔 아들 집에서 일하는 사람들이 도우러 오지만 혼자서 하는 일이라고 보아야 합니다.

70이 넘은 나이에 마지막 열정을 가장 가난한 농민들에게 가장 어려운 품목의 목축업으로 잘사는 모습을 보이시겠다는 집념에 존경의 고개가 절로 숙여집니다.

6시가 넘으면 파김치가 된 몸으로 다시 저녁식사를 하고 인터넷을 검색하고 책을 읽고 9시에 취침을 하신다고 합니다.

강 회장은 남들은 잘 모르지만 우리나라의 도·농 교류와 녹색체험에 대해 초기 민간운동으로 지금의 농촌관광이 있게 한 중요한 역할을 했습니다. 제가 대한주택공사에 부장으로 있을 때 친히 최동주 박사를 보내고 같이 운동을 하자고 말씀하셨고 여러 가지 초창기 어려운 일을 도맡아 하셨습니다. 체험관광을 남들이 하지 않을 때 4~5년을 했던 거죠. 2002년 녹색농촌체험마을이 본격적으로 활동하고 농협이 1사 1촌을 시작할 때까지 초창기 농촌체험은 전국 농업기술자협회의 외로운 독주라고 보아도 좋습니다.

이런저런 이야기를 하기도 했습니다. 최근 경기도 안 좋은데 지도층이 모범을 보여야 하는데 그렇지 못하다고 합니다. 사천에서도 점점 인구가 줄고 상점이 문을 닫는다고 합니다. 지산지소를 해야 한다고 조금 비싸더라도 내 고장에서 물건을 사야 한다는 말씀도 있었습니다.

박홍수 장관이 별세하고 나서 그 집이 무척 어려운데 그분에게서 도움 받은 사람들은 찾아보지도 않는다는 말씀도 있었습니다. 정승 집에 개가 죽으면 문상하지만 정승이 죽으면 아무도 오지 않는다는 속담이 딱 그 격일까요.

이런저런 이야기로 시간이 점점 줄어들어 저도 다음 행

선지로 가야 할 시간이 되었습니다. 지난해보다 무척 수척하다는 느낌과 몸무게가 8㎏ 줄어 더 건강해졌다는 말이 좋게만 들리지 않았습니다. 2009년부터는 농장이 궤도에 올라 아는 지인들에게도 연락하고 염소농가들의 성공모습을 보여주겠다고 합니다. 강 회장님 건강하시고 후배들에게 귀감이 되어 주셔서 고맙습니다.

2. 농촌 전통테마마을사업을 살리자

우리나라에서 농촌관광이 본격적으로 활성화된 시기는 2002년으로 보는 것이 타당하다. 왜냐하면 2002년 농림부에서 시행한 녹색농촌체험마을과 농촌진흥청에서 추진한 농촌전통테마마을이 농촌관광의 효시이기 때문이다.

두 사업은 서로 경쟁하듯이 사이좋게 농촌을 서서히 도·농 교류체계로 변화시켰다. 이 사업들은 2억 원의 정부 보조금을 법정리에 주고 2년 동안 마을이 농촌관광을 위한 다양한 사업을 추진하도록 도와준다.

사업의 진행과정을 보면 다음 순서를 거친다. 먼저 마을 사람들은 마을계획을 세운다. 보통 2년에서 5년 정도의 중기계획을 세우는데 주민들이 계획에 참가한다. 먼저 마을의 자원조사를 한다. 즉 마을의 볼거리, 먹을거리, 쉴 거리, 알 거리, 일거리, 할 거리, 놀거리, 팔 거리 등 8가지 자원을 스스로 조사한다. 그리고 이것을 배분하고 상품경쟁력 있는 것과 떨어지는 것을 나눈다.

경쟁력 있는 농촌을 만들기 위해 도시민과 교류하고 공감할 수 있는 프로그램을 만든다. 한마디로 농촌과 농민이 변하는 것이다. 지금까지 농촌은 농산물을 생산하는 농업기지 역할을 해 왔다. 농산물은 농촌에서 생산되어 유통 업자를 통해 도시로 올라와 도시소비자가 사서 먹는 형태가 주종을 이루었다.

재미와 감동이 있는 농촌체험 프로그램이 만들어지면서 농촌이 농업생산 공간에서 농촌체험 공간으로 변화하기 시작한다. 농민 자신이 돈 버는 농업과 잘사는 농촌의 개념에 빠져 든다. 스스로 고민과 결정을 하고 도시민과 조화롭게 공존하는 방법을 터득하기 시작했다.

체험 프로그램과 함께 진행하는 것이 시설계획이다. 2억이라는 작은 돈이지만 마을에서 사업을 직영을 한다면 더욱 알차게 쓸 수 있다. 주민들이 직접 노동력을 제공하고 마을을 도와주는 전문가나 대학교 관련 전공 선생님들로부터 도움을 받아 실험적인 시설이나 한 시대가 앞선 전위적인 공간설계도 한다. 도시민들은 빼어난 자연과 훌륭한 시설을 보고 감동하기도 한다.

도시사람들은 그린투어를 하면서 여러 가지 고마움을 느낀다. 먼저 농업의 소중함이나 농촌이 단순한 생산 공급처가 아닌 다양한 관계와 우리 문화의 원류(源流)임을 느낀다. 또 농업과 농촌이 있기에 도시가 안전하고 안심할 수 있는 농산물을 공급받고 있다는 인식을 얻는다.

현재 농산물가격을 단적으로 표현한다면 4:4:2 구조를 가진다. 예를 들어 배추 한 포기가 1,000원을 한다면 농민이 400원에 출하하고 유통업자가 400원을 획득하고 최종판매자가 200원의 돈을 얻기 위한 경영을 하는 구조다.

이런 구조가 농촌체험을 통해 8:8의 구조를 만들고 있다. 도시민들이 직접 마을에 와서 시중가격이 1,000원인 물건을 800원에 사고 농민들은 800원에 물건을 파는 구조다. 소비자와 생산자 모두 이익이다. 소비자들의 입장에서는 현장에서 안전한 농산물인가 혹시 농약을 주지 않았을까 확인할 수 있고 안심하는 반응이다. 누가 생산하는 물건인가를 알고 먹는 것과 모르고 먹는 것은 매우 중요하다. 도시와 농촌이 불신의 벽이 서서히 무너지고 신뢰를 형성하는 결과를 초래한다.

이런 좋은 정부지원 사업 중 대표적인 농촌개발 사업이 녹색농촌체험마을과 농촌전통테마마을사업이다. 유감스럽게도 이 중 하나인 농촌전통테마마을사업은 2008년을 끝으로 신규선발 지원이 중단된다. 정부 입장은 시범사업으로 충분히 성과를 보았다고 한다. 향후 새로운 형태로 사업을 추진할 것이라고 말한다. 하지만 정부의 속성상 후속사업이 바로 시행되기는 어렵다. 테마마을사업을 통해 농진청은 남해 다랭이마을, 산청 남사마을, 태안 볏가리마을, 경주 세심마을 등 수많은 성공사례를 발굴하고 개발에 성공해 전 국민에게 새로운 농촌공간과 농민성공의 메시지를 전했다.

정부에서의 여러 사정이 있겠지만 농촌전통테마마을사업은 지속되어야 한다고 보는 전문가들도 많다. 그간 나름대로 일선 시·군 농업기술센터의 지역공무원이 갖춘 노하우나 농민지원시스템, 도·농 교류의 지속성 속에서 나오는 기술, 도시민과의 연계체계 등이 사업이 소멸됨과 동시에 사라지는 것은 우리 농촌 입장에서 본다면 크나큰 손실이다.

농진청과 기획재정부는 농민에게 큰 기여를 한, 이 사업이 지속될 수 있도록 대안을 만들어 주기를 농민들과 함께 기대한다.

강원도 원주 승안동 마을. 부래미나, 토고미, 한드미처럼 유명한 마을은 아니다. 하지만 농촌관광을 한다면 꼭 주목해볼만한 마을이다. 특히 귀촌사무장의 역할이라는 측면에서 이 마을을 주목해 주길 바란다.

강원도 원주시 흥업면 대안 1리(승안동 마을)는 105가구(이 중 농가가 56호), 326명이 사는 전형적인 도시근교 농촌이다. 한라대학 뒤쪽에 있는 마을로 친환경 쌀과 조엄, 고구마를 주로 생산하고 있으나 마을이 한드미나 수림대마을처럼 수려하지도 않다.

솔직히 이곳 농촌관광이 특징적일 것이라는 느낌이 전혀 들지 않았다. 특히 정부보조금 투입대비 소득 측면에서 '우수하다'고는 전혀 보이지 않는다. 원주에 농촌체험관광을 오는 사람들은 이 마을이 치악산 주변이나 간현유원지 주변에 있는 줄 알지만 와 보고는 실망이다. 삭막하기 그지없는 평범한 농촌이기 때문이다. 도대체 어떤 이유로 2007년 부터 매년 1만여 명의 도시인들이 이곳을 찾는가. 그 이유를 찾아보자.

마을이 변화하기 시작한 것은 이 마을에 조종복 사무장이 귀촌한 후로 본격적으로 변화하기 시작했다. 조 사무장은 41세로 원주 출신으로 이 마을 출신은 아니다. 서울에서 대학과 대학원에서 무역학을 전공하고 국내 유수의 레포츠회사의 중역을 지냈다. 30대 중역이란 네임벨류와 같이 그는 연봉 1억을 받았다. 30대에 1억. 이것은 그리 쉬운 주제는 아니다.

필자가 원주 농업기술센터에서 주민들의 발표를 듣고 마을계획을 평가하는 자리에서 그를 처음 대면했다. 그의 설명과 평범하지 않은 사고에 끌려 그에게 몇 가지 질문을 던졌다. 그리고 과거의 기자 정신으로 그를 본격적으로 취재하기 시작했다. 참고로 필자는 경향신문에서 도시와 농촌을 담당하는 전문기자를 약 3년 반 일선에서 취재했으며, 그린투어와 그린 어메니티를 매주 한 면씩 경향신문에 연재했다.

그가 승안동 마을에 온 것은 2005년 여름이다. 그가 이 마을을 선택하게 된 것은 편안한 이미지가 있어서라는 아주 간단한 이유다. 그가 처음 마을에 와서 한 것은 마을사람들의 "관계지도 그리기"였다. 농촌사회학에서 지역조사를 할 때 쓰는 방법론인데 농촌에서 누구와 누가 관계가 좋고 나쁘며, 문제가 있으면 누구와 상의하고, 마을의 권력구조는 어떤 식으로 구성되는지를 알아보는 조사기법이다.

이 기법은 농촌계획을 공부하는 사람은 누구나 알 수 있는 것이지만 전공과 전혀 문외한인 조 사무장이 선택한 것이 바로 마을 인맥지도 그리기였다. 그는 2005년 6개월 동안 100여 가구를 찾아가 밥도 얻어먹고 집안일도 도와주고 사람과 사람의 관계를 파악했다. 할아버지나 할머니의 개인사나 집안사, 외지인들이 알 수 없는 것까지 먼저 파악했다.

이런 인맥지도를 그렸기 때문에 그가 사무장으로 있는 동안 마을사업에 선택과 집중을 할 수 있고 마을사람들이 그의 의견에 반감을 갖지 않고 마을일을 해 나갈 수 있었던 배경이다.

그는 "2006년부터는 마을의 사무장이 되어서 농촌관광에 대해 본격적으로 공부하는 시기"라고 말했다. 2006년 한 해 동안 농촌관광학회논문 100여 편을 읽었고, 전국의 유명농촌관광마을 56개를 답사했으며, 농림부 농촌관광과정 12개를 수료했다고 말했다. 일본말에 '야리시기'라는 말이 있다. 우리말로 굳이 해석한다면 지나치다는 의미를 가진 표현인데 그에게 딱 적합한 말이다. 필자가 보기에는 농촌관광에 대해 미쳤고, 마을에 대한 애정을 넘어 열정으로 마을의 변화방안에 대해 파헤치기 시작했다.

그는 2005년 이천 부래미마을에 가서 마을식당에 있는 복조리를 보고 복조리의 의미와 왜 복조리가 저 자리에 있어야 하는가에 대해 고민했다. 몇 날을 고민해서 그가 얻은 결론은 벼농사를 짓는 우리 마을에는 복조리가 아니라 짚신이라는 결론을 내렸다.

그는 마을에 짚공예를 하는 할아버지한테 찾아가 짚신을 만들어 달라고 졸랐다. 그냥 신는 짚신이 아니라 4미터짜리 국내 최대의 짚신을 만들어 달라고 간청했다. 마을 최고 어른이자 지난 2001년 원주 짚풀공예대전에서 대상을 차지한 김대흠(81) 옹은 대뜸 면박을 주었다. 사무장! 신지도 못하는 짚신을 만들어 뭐해. 엉뚱한 생각할 시간이 있으면 마을일이나 거들어. 그 일에도 굴하지 않고 조 사무장은 몇 날을 김 옹을 설득했다. 김 옹이 2006년 3월부터 4월까지 15일 동안 하루 8시간씩 꼬박 비닐하우스 바닥에 앉아 짚신을 삼아 완성했다. 짚신 길이가 4m에 폭 1.5m로 국내에서 만들어진 짚신 가운데 가장 큰 것이다.

언론은 새로운 것에 관심을 갖는다. 참고로 신문이나 TV에 나는 뉴스는 "최초, 최대, 최고"의 3최 원칙에 의해 보도된다. 물론 승안동의 국내 최대의 짚신은 연합뉴스에 3회가 보도됐고, KBS와 MBC 9시뉴스에도 소개됐다. 승안동 마을의 상상력이 빛을 발휘하기 시작한 순간이었다.

조 사무장이 생각한 것은 볼거리가 없는 마을은 사람들이 오지 않는다는 것이다. 아주 단순한 논리이다. 어떻게 볼거리를 만들 것인가. 이것을 리더는 고민해야 한다는 판단이다. 마을주민들은 짚신이 완성되자 2003년에 지정된 녹색농촌마을체험관에 전시해 도시민들에게 새로운 볼거리로 제공해 신기한 어린이들은 사진을 찍도록 했다. 본격적인 마을장소 마케팅의 시작이다.

조 사무장이 마을에 와서 몇 가지 새로운 사업을 했다. 그중에 하나가 마을에 작은 도서관을 만드는 것이다. 도서관을 만들자고 하니 평당 250만원이 들고 10평짜리를 만들자니 이것저것해서 3천만 원의 예산이 필요했다.

이건 아니다 싶어 여러 가지 아이디어를 내어 대형 폐차 버스를 마을로 사가지고 왔다. 150만원의 버스 내부 의자를 걷어내고 나무판자를 깔고 책장을 만들었다. 그리고 자매결연을 하는 기업에 책을 보내달라고 하고 마을주민에게도 안보는 책을 버스에 비치해 달라고 했다. 전국의 출판사에 파본이나 비품 책을 보내달라고 200여 통의 편지를 보냈다. 그 결과 2,000여 권의 책이 모였다. 들어간 비용은 공식적으로 200여만 원, 이런저런 수고까지 해서 약 350만 원이 들어갔다. 10분의 1의 예산으로 20배 이상의 효율을 내는 결과를 창출했다.

승안동 마을에서 하는 사업은 저예산으로 고효율을 내고 주민과 사회가 요구하는 민감한 부분을 파고 들어가는 근본적인 측면이 있다. 그렇기 때문에 언론이 관심을 갖고 이것을 주민참여의 심리전을 이용한다. 주민들 스스로 자주적인 생각을 하게 됐고 조금씩 변화하는 데 민감해지기 시작했다.

2007년에는 마을의 저장창고의 외벽을 전문가들을 3개월을 설득해 주민과 함께 벽화 그리기를 해서 마을경관을 바꾸어 놓았다. 하천변 위험한 도로에 안전가드를 설치하고 이곳에 마을 어린이들이 그린 그림을 전시했다. 또 마을길에 주민편의시설을 만들기 위해 맨발공원을 주민 스스로 만들어 이용하고 마을 어귀 느티나무 밑의 시멘트 바닥에 나무를 깔아 좀 더 쾌적한 공간을 조성했다.

승안동 마을은 다른 마을과 차별화가 되기 시작했다. 차별화를 하기 위해 나름대로 원칙도 정했다. 모든 시설은 4계절 활용 가능한 시설을 설치한다. 주민들이 직접 이용이 가능해야 한다. 과도한 비용이나 환경파괴가 없어야 한다. 소득창출과 연결이 되어야 한다. 이런 원칙을 가지고 승안동 마을은 매년 한두 개씩 변화와 새로움을 주고 있다.

　이런 노력의 결과인가. 승안동 마을은 행자부가 주최하는 '2007 참 살기 좋은 마을 전국 콘테스트'에서 최고의 영예인 대상을 수상했다. 그들이 만든 어린이 손도장이 찍힌 한국판 꾸리찌바가 심사위원들의 마음을 감동시킨 결과다.

　승안동 마을은 아이디어가 넘쳐흐른다. 그 아이디어의 근원에는 노력하는 마음과 외부를 벤치마킹하고 그것을 승안동의 것으로 만들어 보겠다고 하는 차별화된 정신이 있기 때문에 가능했다.

　조 사무장은 "수십 년 동안 변하지 않은 마을이 어떻게 하루아침에 변합니까. 기다리되 서둘지 말고 마을 자원을 하나하나 눈여겨보고 주민들을 설득하는 것이 마을 변화의 길"이라고 강조했다.

　분명 승안동 마을은 여러 가지로 모범이 된다. 녹색농촌 마을 보조금 2억을 받아서 투자대비 소득 창출 면에서는 전국에서 최우등에 속한다. 수백 억 받은 마을과도 견주어 떨어짐이 없다.

정부당국과 잘나간다는 마을에 경종을 울리고 있다. 우리는 승안동 사례에서 "스스로 노력하고 변화하려는 마을은 하늘이 돕는다."는 교훈을 곱씹어 본다.

3. 충남 태안 볏가리 마을

충남 태안군 볏가리 마을은 행정구역상으로는 태안군 이원면 관 1리로 태안반도 제일 끝자락에 있다. 62가구 115명이 소담스럽게 살아가는, 외양만 보아서는 여느 농촌과 별반 다를 게 없는 마을이다. 그런데 이 마을이 그린투어리즘의 모범적 사례로 주목받고 있다.

이유는 몇 가지가 있다. 첫째, 정부가 그린투어리즘 활성화 차원에서 하나를 지원해 주니 셋을 만드는 높은 생산성 때문이다. 정부가 준 보조금은 전통테마마을 선정 지원금 2억 원인데 이곳에 농촌체험을 하러 오는 도시민은 작년에 3,000명, 올해는 1만여 명으로 늘어날 전망이다. 정부지원금 20억 원 이상을 투자하여도 도시민 방문객이 연 1만 명이 안 되는 곳도 많다.

둘째, 서울에서 자동차로 2시간 내에 있는 곳이라야만

그린투어리즘이 성공할 수 있다는 기존 학계의 통념을 볏가리 마을이 깼다는 점이다. 이곳은 서해안 고속도로를 이용해도 서울에서 3시간이 넘게 걸리기 때문이다. 성공여부의 포인트가 '서울과 얼마나 가까이 있느냐'에 있는 것이 아니라 '어떤 매력적인 체험 프로그램이 있느냐'에 달려있음을 볏가리 마을은 실증적으로 보여줬다는 것이다.

서울대 안동만 교수는 "마을의 독특하고 전통적인 특성과 농촌프로그램이 마련된다면 우리나라 어디서나 도·농 교류체험이 가능하다는 것을 보여준 중요한 사례"라고 의미를 부여했다. 그렇다면 볏가리 마을에는 어떤 매력이 있어 사람들이 몰릴까.

도로에서 본 마을은 논과 밭이 있는 평범한 농촌이다. 그렇지만 마을회관에서 5분 정도 걸어 언덕 하나를 넘으면 느낌이 전혀 달라진다. 너른 갯벌과 기묘한 구멍바위, 푸른 바다가 시원스럽게 펼쳐진다. 언덕 위에 있는 해송을 경계로 농촌경관과 어촌경관이 완연히 구분된다. 볏가리를 두 개의 이질적 마을로 보이게 만드는 것이 매력 포인트다. 지난해 농림부의 '제2회 농촌마을가꾸기 경진대회'에서 우수마을로 선정된 요인 중 하나다.

진태구 태안군수는 "2002년부터 다양한 체험 프로그램을 추진한 결과 주민 소득에도 큰 도움이 되고 있다."며 "그린투어리즘을 더욱 강화하겠다."고 말했다.

볏가리 마을의 대표상품은 갯벌체험이다. 갯벌 속에서 봄에는 뽕자루로 설개를 잡고 가을에는 대나무 낚시로 망둥이를 잡는다. 요즘 같은 한여름엔 갯벌 한쪽의 보(堡)에서 하는 염전체험이 특색이 있다. 고무래질로 소금을 모으고 용두레, 맞두레로 염전에 물을 퍼 올리는 등 전통방식으로 천일염을 제조해보는 것이다. 저녁때 물 빠진 바닷가를 걷는 것도 낭만적이다.

농사체험으로는 포도수확, 감자 캐기, 고구마 캐기 등의 프로그램이 있다. 동물농장에서 희귀한 백사슴 20여 마리를 보는 것도 이채롭다. 이 마을의 이름인 볏가리는 벼를 베어 말린 후 볏단을 원뿔형으로 쌓은 더미이다. 볏가리 마을에선 이 벼를 생산하는 데 농약을 쓰지 않는다. 오리들을 논에 풀어 벼 해충들을 잡아먹게 하는 친환경 농법을 쓰기 때문이다. 이 농법 역시 도시민을 위한 체험 프로그램으로 개발돼 있다.

이런 볏가리 마을이 지난해 12월 태안 앞바다 기름유출 사고로 1년 동안 거의 사람도 없는 폐허로 변했다. 지금까지도 그 맛있는 굴을 생산하지 못한다고 한다. 얼마 전 도·농 교류페스티벌에서 만난 손영철 사무장은 담담하게 각오를 말한다. 아무리 어려운 일이 있어도 우리 고향을 지키는 이들이 있다면 문제가 되지 않는다고 웃는다. 올해는 얼마 오지 않았지만 내년 2009년에는 많은 사람들이 올 것이라고 전망하고 있다. 볏가리 마을 파이팅.

4. 경제위기기의 농촌관광 어떻게 할 것인가

경제가 어렵다는 말을 한다. 경제위기라는 말이 언론에서 나오고 경제 수장의 경질이나 파면이라는 말도 서슴없이 나온다. 그만큼 실물경제가 어렵다는 사실을 반증하는 것이다.

얼마 전 평창군청에서 토론회가 있었다. 토론회 중에 권혁승 평창군수의 발제가 있었다. 그의 이야기에는 평창의 경기침체에 대한 심각한 우려가 엿보였다. 얼마나 심각한지 권 군수가 직접 언급을 했다. 관례상 이런 경우는 지자체장이 언급을 회피한다.

권 군수는 "평창에는 메이저 스키장 두 곳이 있는데 2008년에는 스키어가 2007년 겨울시즌 대비 7% 줄었다."고 강변했다. 이것은 지금까지 스키장을 차리면 어디든 장사가 잘 되는 불패론이 끝났다는 것을 의미한다.

혹자는 지난겨울이 따뜻했기 때문에 스키어들이 줄어들었다고 이야기할 수 있다. 하지만 권 군수의 견해는 경기의 급격한 침체가 고급 스포츠에 영향을 미친 것이 아닐까 하는 추측을 이야기했다.

권 군수는 올 여름시즌을 대비해 두 곳의 스키장이 400억 원을 들여 여름관련 오픈 스위밍 시설을 했으나 여름시즌도 2007년 대비 이용객이 감소했다고 전했다.

지금까지 레저업계 상식으로 본다면 시설을 해 놓고 중앙 언론을 이용해 전면광고를 한다면 성공해야 한다. 그 정도가 아니라 대박이 터져야 한다. 하지만 올해 피닉스와 용평스키장의 경우는 전혀 다른 방향으로 갔다. 경기침체의 영향인지 우울한 여름이 시작되었다는 것이 관계자의 전언이다.

그렇다면 팬션의 경우는 어떠한가. 평창 팬션의 가동률을 보자. 권 군수는 이어 팬션의 경우 잘된다고 소문난 집의 평균가동률이 55% 전후인데 이런 집들이 올 여름에는 20~30%라고 울상을 짓고 있다고 소개했다. 결론적으로 권 군수는 "평창에서 체험하는 실물경기가 30% 정도 줄어들었다."고 강조했다.

평창은 제주도, 안면도와 더불어 3대 팬션의 메카였다. 남들에게 소리 소문 없이 실속 있는 지역경제를 지난 7~8년 누려왔다. 하지만 올해 평창의 관광수요는 그 어느 때보다도 어렵다. 평창이 이렇게 관광수요가 떨어진다는 것은 여러 가지 경기후퇴가 있다는 것을 의미하며 여기에 대해 대비해야 하겠다.

그렇다면 농촌관광은 어떻게 가야 하나. 현재의 경제위기는 미국 발 경제위기에서 출발한다. 1929년 대공황 이후 최악의 금융위기를 차단하기 위한 미국 등 각국 정부의 노력은 글로벌 경기후퇴(recession)를 막기에는 역부족이라는 공포감이 점점 증폭되고 있다. 각국 정부의 강도 높은 시장개입은 금리인하를 시도하고 있다. 이러한 노력이 신용시장의 추가 악화를 억제하는 역할을 톡톡히 해내고 있는 것은 분명하다. 그러나 이미 경기후퇴의 경계선을 넘어선 것으로 보이는 전반적인 경제까지 구제하기에는 때가 늦었다는 비관론자들의 지적이 적중하는 분위기다.

사방 어디를 둘러봐도 악재들만 가득하고 있다. 특히 미국 경제성장의 70%를 좌우하는 소비의 출발점인 고용시장이 급격히 위축되고 있다. 일주일 이상 실업수당을 청구한 건수가 25년 이래 최고치를 기록했다는 것은 장기 실업자가 늘어나고 있다는 의미다. 전 산업 부문에서 감원 한파가 몰아치면서 고용시장은 더욱 꽁꽁 얼어붙었다.

문제는 고용시장이 개선될 징후를 전혀 보이지 않고 있다는 것이다. 11월 7일 미국 노동부의 비농업부문 고용은 10월 연속 감소세를 이어가고, 실업률은 5년 이래 최고치에 달한다는 보도다. 3분기 노동비용 증가율이 노동생산성을 앞질렀다는 것도 우려되는 대목이다. 기업들의 감원 확산을 예고하는 수치이기 때문이다.

미국의 이러한 수치는 전 세계를 강타할 것이다. 미국의 강타는 우리나라에도 영향을 미칠 것이다. 이러한 예상은 여러 비관론자들이 하고 있는 예상과 때를 같이 한다. 우리는 오바마가 무엇을 구원해 줄 것이라고 희망을 가지고 있지만 그것은 단지 구체성이 없는 희망으로 흐를 가능성이 높다. 마치 9회 말 투아웃에 투 쓰리 풀카운트에서 말루홈런을 쳐서 1점 차이로 이기는, 희망의 끈을 놓지 않는 것과 다름이 없다고 보는 것은 허념인가.

경제위기는 여러 비관론자의 말처럼 한걸음씩 오고 있다. 미국이 실물경제가 어렵다면 우리도 2개월 후에는 현실이 될 가능성이 높다. 실업과 인플레이션이 몰려온다면 한국의 대다수 소비자들은 어떻게 할 것인가.

먼저 가능한 소비를 줄이려고 노력할 것이다. 생필품을 제외한 소비재를 줄이고 최대한 절약을 할 것이다.

위기란 위험과 기회가 상존한다고 했던가. 위험 속에서 기회를 얻어야 한다. 농촌관광은 어려운 경제위기 가운데 도시에 희망과 농촌에 소득을 줄 수 있는 방안이다. 어려움 속에서 도시서민들의 먹을거리에 안전을 기하면서 도·농이 상생하고 소통을 줄 수 있는 방안이다.

지금과 같은 추세라면 경기는 저하되는 과정 속에서, 물가는 오르는 스태그플레이션이 일어날 가능성이 높다. 여기서 농산물의 가격만이라도 안정된다면 우리 경제는 그나마 버틸 가능성이 있다. 그만큼 한국 경제는 농업이 버티는 만큼 지속될 것이다.

우리가 매일 먹어야 하는 농산물의 유통구조는 어떤가. 농산물의 유통구조는 4:4:2의 구조를 가진다. 예를 들어 배추 한 포기에 도시 소비자가 구매하는 가격이 1,000원을 한다고 가정하자. 그렇다면 400원이 농민이 파는 가격이다. 400원이 유통업자가 유통과정에서 소요되는 이익과 비용이다. 마지막 200원이 최종 소매상의 마진이다. 결국 소비자는 물가가 상승한다면 더욱 비싼 가격으로 살 것이다. 유통구조가 복잡하면 복잡할수록 한국 경제는 어려워질 것이다.

만약 농민과 도시 소비자가 연대해 중간과정을 생략한다면 어떻게 되나. 조금 불편하지만 직거래를 해서 배추 한 포기를 농민이 400원에 출하하고 유통마진을 200원으로 하고 도시소비자가 600원에 산다면 이것은 농민과 도시민 둘 다 사는 결과이다. 농민은 소득이 보장되면서 도시민은 싸게 물건을 살 수 있고 400원 만큼의 돈은 유동성을 가지고 시장경제에 플러스 효과를 줄 수 있다.

이런 가정이 시장활성화와 서민경제안정에 도움을 준다면 정부는 농촌관광활성화를 적극 추진해야 한다.

먼저 지금까지 1사 1촌의 자매결연 네트워크를 다시 돌려 직거래를 적극 장려해야 할 것이다. 먼저 3만 6천 개의 자연마을 중 자매결연되어 있는 마을을 파악하고 도시민과 농촌의 자율적인 결연을 적극 독려해야 한다. 농협이 1사 1촌을 맺은 자매결연체만 1만 6천 개에 이른다는 것을 명심하자.

둘째, 지역 내에서 지산지소를 살리고 실천해야 한다. 지역에서 생산한 농산물이나 공산품을 지역에서 소비한다면 유통마진은 적어지고 지역 안에서 돈이 보다 빠르게 회전할 수 있다. 이것은 지역경제 활성화에 도움이 될 것이다.

셋째로, 도시에서 농촌으로 귀농, 귀촌사람들과 시골에 사는 친인척과 직거래를 실천하자. 서로 필요한 물건을 교환하기도 하고 직거래를 하는 것도 좋은 방법이다. 일단 생필품이 넉넉해지면 다음은 다시 재건하면 된다. 일단 위기를 잘 피하고 넘기는 지혜가 요구된다.

농촌 마을은 도시 소비자와의 결연 관계를 개선해야 한다. 도시 소비자와 네트워킹을 통해 농산물을 팔고 직거래 루트를 열어 두어야 한다. 그리고 도시민과 파트너십을 만들어 지속가능한 농촌성장을 해야 한다. 그러기 위해서는 다음과 같은 점에 집중해야 한다.

첫째, 마을을 이해하고 있는 도시의 고정 고객에게 정성을 다해야 한다. 최초고객에서 재방문을 하고 서로 안면이 있는 고객이라면 이들에게 편지나 이메일을 보내는 등 특별한 선물이나 마을에서 특별한 이벤트를 여는 것도 하나의 방법이다. 이런 방법이 힘들다면 농산물을 정성 들여 포장해 조금 보내는 것도 하나의 친절이고 고객을 부르는 언어이다.

둘째, 어려움 속에서도 농촌을 찾게 하는 새로운 마을 프로그램을 만들어야 한다. 예를 들어 겨울이 오면 어린이들이 먹는 스프를 마을에서 만들어서 같이 먹어보는 것도 좋은 방법이다. 야채스프를 만들거나 해물스프, 쇠고기스프 등 여러 가지 스프를 만들 수 있다. 기왕에 만든 것이라면 마을에서 나오는 쌀이나 보리를 가지고 빵도 만들어 먹어보자. 작은 난로를 오븐으로 개조해 그 안에 빵을 구워보자. 실패해도 좋고 성공해도 좋다. 어차피 재미고 도시에서 탈출해 처음 만들어 보는 것을 하니까 호기심도 있고 아이들도 좋아하니까 좋다. 재미와 감동은 중후장대한 것에서 나오는 것이 아니라 작고 소박한 것에서도 나온다는 사실을 명심하자.

셋째, 시·군 내 그린투어를 하는 마을과 연계해 주민축제를 만들자. 만약 여러분의 마을 주변에 또 다른 마을이 농촌관광을 한다면 그 마을들과 지자체를 연계해 축제를 만들자. 먹을거리 축제를 만들어보자. 각각 마을에서 20개의 요리를 만들어 나온다면 3개 마을이면 60개의 맛있는 '시골뷔페'가 탄생한다. 토속적이면서도 어디서도 맛보지 못한 농심을 맛볼 수 있다.

축제는 사람들이 만드는 난장이다. 서로 참여하고 서로 즐거워하고 서로 감동받는 것이 축제다. 사람이 만드는 축제는 아무리 추운 겨울이라도 훈훈함을 줄 수 있다. 올 겨울을 준비하면서 이 세 가지를 실천하기를 바란다.

향후 2～3년 동안은 계속 경기가 침체할 것으로 전문가들이 예상하고 있다. 이럴 때는 계속 준비하고 큰돈을 시설에 투자하는 것은 절대 금물이다. 가급적 현금보유율을 높이고 다른 자원이나 돈이 들지 않는 방안을 활용하자.

친절과 덤으로 제도권 여행객이나 관광객들을 농촌관광으로 끌어들여 오자. 틈새공략도 대안이 될 수 있다. 제도권관광객이 무엇을 원하나. 깔끔함과 지식전달력 그리고 농촌관광이 갖고 있는 구수함과 넉넉함을 잘 융합시켜 겨울을 대비하자. 올 가을은 공황적 불황에도 불구하고 농사가 대풍이다. 가격이 폭락할까 걱정이다. 하지만 조금씩 고객과 지인들에게 공짜로 나누어주자.

도시민들이 택배를 받는 순간 전화가 온다. 심리적으로 힘들고 스트레스 받기는 전 세계에 있는 사람 모두가 마찬가지이다. 어려울 때 훈훈함을 주는 농촌. 어렸을 때 동네 형에게 쫓겨 집으로 도망가 엄마 품에 안길 때의 그 어머니 품과 같은 농촌! 고향마을이 지금 도시민에게 필요하다. 그런 든든함을 도시의 동포에게 전하자.

5 산속 호수마을 화천 동촌리

강원 화천군 화천읍 동촌리는 오지(奧地) 중에 오지다. 1997년 말 마을 고개를 넘어 도로가 나기 전까지 외부와 통하려면 배를 타야만 했다.

산과 골이 험해 구름도 쉬어간다는 해산(1,190m)이 있고 그 산속에서 호랑이가 나타났다는 주민들의 신고가 있어 1998년 산림청에서 실사까지 한 곳이다. '호랑이 출현'이 공식 확인되지는 않았지만, 주민 이광수(74) 씨에 따르면 당시 소 네 마리가 죽고 한 마리는 뼈만 남았다.

동촌리에는 애틋한 사연도 많다. 호랑이가 사람을 먹고 머리만 바위 위에 올려놓았다는 호음고개와 호총제(虎塚祭), 아들을 점지해 준다는 아들바위, 인제 백담사의 전신인 운봉사 등이 있다.

오지이기에 오염과는 거리가 멀다. 냇물에는 천연기념물

인 황쏘가리나 열목어가 어렵지 않게 발견되고 꺽치, 산메기, 돌고기, 쐬리는 지천으로 흔하다. 숲에선 천연기념물인 원앙이 텃새가 되어 놀고 있고 장수하늘소, 반딧불이, 무당개구리가 반긴다.

국내 제일의 청정 마을. 하지만 청정마을이라는 사실만으로는 먹고 살 방도가 없었다. 오지＝낙후＝가난이 움직일 수 없는 등식이 되었기 때문이다.

동촌리 역시 여느 농촌 산간처럼 주민들이 하나 둘 도시로 떠나 빈집이 늘어갔다. 현재 61가구 195명만 남았다. 이 중 65세 이상 노인이 43명이다.

그런데 이런 마을에 몇 해 전부터 생기가 돌기 시작했다. 2003년 강원도의 역점사업 중 하나인 '새 농촌 마을'에 선정되면서 오지가 유명 관광지로 변한 것이다.

새 농촌 마을 사업이란 강원도 김진선 지사가 주창한 개념으로 포상금 5억 원을 주고 주민들이 자주적으로 잘사는 농촌으로 가꿔가는 운동이다.

새 농촌 마을에 선정되자 주민들은 마을의 자산을 '자연 상품'으로 특화시키는 데 주력했다.

오지라고 하지만 서울에서 자동차로 3시간 거리인 만큼 호수 · 계곡 · 경관을 아우르는 상품을 만들면 도시민들을 부를 수 있을 것이라고 믿은 것이다.

주민들은 마을 아래 파로호에 인공 수초섬을 만들고 마을 담장을 모두 허물어 동화 속에 나오는 산속 호수 마을 분위기를 조성했다.

언제부턴가 사라진 70여 종의 담수어를 복원해 우리나라 최초의 담수어공원도 만들었다.

강원도와 농림부 농촌진흥과의 도움을 받아 먼저 향토수종인 산메기와 쏘가리 등 많은 어종의 치어를 계곡과 호수에 방류했다.

이렇게 되자 마을의 청정호수는 낚시를 즐기는 사람들에게 매혹적인 관광장소로 바뀌었고, 주변에 널려있는 동·식물은 도시민들의 체험 대상으로 그 가치와 의미가 달라졌다.

그렇게 해서 지난 한 해에만 도시민 3만여 명이 동촌리(www.e-dongchon.com)를 다녀갔다.

동촌리 주민들은 여러 가지 실험적인 사업을 전개하고 있다. '여름, 새로운 사업'을 꾸미고 있다. 할머니·할아버지들이 어린이들에게 호숫가에서 '한여름 밤의 동화'를 들려준다는 꿈같은 이벤트를 마련하고 있는 것이다.

또 신혼여행지로 알린다는 계획도 가지고 있다. 생뚱맞게 신혼여행지. 이유는 이렇다.

이 마을에는 13~16대, 이용삼 의원이 이 마을 출신이다. 또 현재 박세환 의원도 이 마을출신이다. 이 지역 지역구는 화천, 철원, 양구, 인제로 전국에서 가장 넓은 지역구이다. 어떻게 이 마을에서 20여년을 국회의원을 배출하고 있는가. 또 별도 수십 개를 배출했으며 강원도 교육감이나 해병대 사령관도 배출해냈다. 이 마을 이장님도 조폐공사 처장출신이다. 때문에 정기와 풍수가 좋은 곳을 신혼여행지로 추천하는 이유란다.

신혼여행지는 다음에 재방문을 약속할 수 있고 농산물도 고가전략으로 전개할 수 있는 특징도 있다.

농·산·어촌어메니티연구회 홍성만 국장은 "동촌리와 같은 우수사례를 지원해 도시민들이 건전한 휴가를 보낼 수 있도록 하겠다."고 말했다.

강원도 박창수 농정산림국장은 "동촌리는 친환경농어업과 그린투어리즘이 접목한 성공사례로 산과 호수가 있는 강원도 내륙의 특성을 잘 나타내고 있다"고 말했다.

― 관광객 불러들인 '아이디어 뱅크', 동촌리 이장 박세영 씨 ―

동촌리에는 카리스마를 지닌 50대 이장이 있다. 박세영 이장(58)이 주인공. 그는 외환위기 직전 한국조폐공사 부장으로 명예퇴직하고 고향인 동촌리로 돌아왔다.

그가 고향에 와 가장 먼저 한 일은 동네 어른들과 싸우는 것이었다. 마을의 자원인 환경을 보호해야 한다고 설득했지만 좀체 듣지 않았기 때문이다.

계곡에서 절대 농약으로 고기를 잡지 말 것, 전기로 물고기를 잡지 말 것 등을 아무리 얘기해도 "그동안 늘 해오던 것인데 왜 귀찮게 구느냐"는 식의 반응이 돌아왔다.

박 이장은 이렇게 해서는 마을 계곡을 살릴 수 없다는 판단 아래 동네 사람을 경찰서에 신고했다. 동네는 난리가 나고 사람들이 와서 봐 달라고 용서를 빌었다. 박 이장은 그때야 계곡을 보호하겠다는 약속을 받고 소를 취하해 주었다. 한 동네에서 볼썽사납지만 그런 일들이 일어나는 것이 현실이다.

결국 동촌리도 이런 결과로 한국의 알프스 마을이 되어가고 있다.

6. 완주 창포마을의 변화와 교훈

전북 완주군 고산면 소향리 만경강 최상류에 작은 자연 마을에 202호가 살고 있다. 안남, 신상, 운용, 대향 4개의 마을이 새로운 지역재생의 모델이 되고 있다.

완주 창포마을은 전국 최초로 5천여 평의 논과 밭에 창포를 심은 곳이다. 5월이면 창포 냄새가 샤넬 향수보다 더 진한 향내가 동네 전체에 묻어 나온다. 가을이면 대아호의 푸른빛과 대둔산 남쪽줄기 산들에서 형형색색 변화와 단풍이 표현할 수 없는 감탄사를 자아낸다.

산 아래 창포마을로 내려오면 집집마다 곶감을 만들어 덕장에 말리는 모습은 정다운 고향어메니티를 연상하게 하는 마을이다.

이 마을이 지금처럼 유명한 것은 몇 가지 이유가 있다. 창포마을은 10여 년 전만 해도 못사는 마을의 대명사였다.

인구는 줄어들고 고령화는 진행되고 청년들은 마을을 떠나는 전형적인 황폐한 농·산촌의 모습이었다.

2004년 정월대보름을 앞두고 4개 마을사람들이 마을의 미래를 걱정했다. 이대로 간다면 마을이 사라진다는 절박함에서 나왔다. 뭔가 변화해야 한다는 결의를 다졌다. 더 이상 망가지는 마을을 후손에게 물려주지 말자는 간절한 절규가 이어졌다.

주민들은 십시일반으로 일단은 마을의 구심점인 정월대보름 행사를 살리자는 일치된 마음을 모았다. 할머니들도 없는 돈을 아껴 5천원, 1만원씩을 내고 어려운 사람들도 마을기금을 내어서 축제를 진행했다. 말 그대로 마을축제이다. 행정에서 국민세금으로 자기 맘대로 하는 축제가 아니었다. 주민 스스로의 자주적인 행사로 마을의 일체성이나 공동체성을 느낄 수 있는 행사를 만들고 전통을 계승했다.

정월대보름 기원이 끝나고 주민회의를 통해 주민들은 먼저 마을을 특성화하기 위해 창포를 심어 키우기로 했다. 마을사람들이 창포를 심고 이것을 가꾸기로 결의했다. 창포를 하나 둘 심어 불과 4년 만에 5천여 평에 창포 밭을 만들었다. 이 정도 규모는 전국에서 단일규모로 최대 규모이다. 창포를 매개로 한 사업은 점점 다른 마을을 만들어가고 있다.

소향리에 창포가 유명하다는 소문은 입에 입으로 구전되고 2005년도에는 농림부 녹색농촌체험마을과 농협 팜 스테이 마을로 지정되었다. 소향리가 창포마을로 전국에 이름을 알리는 순간이다.

2006년에는 소향리는 주민 54명이 작게는 3~5만원 많게는 1천만 원씩 출자해서 1억 원을 출자해 이것으로 창포영농조합법인을 만들었다. 모두 녹록하지 않은 환경에서 선뜻 성공할지 미래가 불확실한 마을을 믿고 1천만 원을 내놓기는 쉽지 않았다. 하지만 주민들은 스스로를 믿고 꼭 성공할 것이라는 신념을 가지고 1억 원을 만들었다.

마을 운영위원회는 이 돈으로 마을부지 600평을 마련했다. 참고로 마을 운영위원회는 4개의 자연마을의 회장과 부녀회장이 모여 매주 금요일 저녁에 마을 대소사를 의논하는 구조를 가지고 있다.

마을 공동부지가 있으니 완주군에서 사업을 제안했다. 마을 저온창고와 창포가공시설을 해보지 않겠냐는 제안이다. 주민들의 입장을 배려해 준다기보다는 완주군이 사업을 추진할 장소를 찾았던 것이다. 먼저 개인 땅에 시설을 해준다면 이것은 특혜이기 때문에 공무원은 할 수 없을 것이다. 마을부지가 있다면 여기에 지원해 주는 것은 지극히 타당하다.

소향리 창포마을은 소득 부분에서 3가지 지향점을 가진다. 첫째, 창포로 소득을 낸다. 둘째, 곶감으로 소득을 낸다. 셋째, 창포와 곶감을 통한 체험소득을 낸다. 이 세 가지로 마을의 공동 소득방향이 잡혔다. 누구나 이해하기 쉬운 테마이다.

현재 창포를 통한 소득은 가공과 휴양을 주제로 사업을 운영한다. 즉 민박과 창포비누를 만들어 체험하고 판매를 한다. 완주군에서 지원받은 창포가공분쇄기는 다양한 크기의 창포 잎을 분쇄할 수 있다. 이것으로 창포비누, 창포베개 속(향이 진하고 자고 나면 개운함), 창포술 등을 만들고 있거나 계획 중이다. 앞으로는 창포 스파를 만들어 창포물에 머리감는 정도가 아니라 창포온천을 할 수 있는 형태로 발전시킨다는 구상이다. 또 프랑스의 샤넬 향수보다 향이 좋은 세계최고의 한국의 향수를 만든다는 포부도 가지고 있다.

곶감도 대둔산 주변 기온의 차이로 과육이 단단하면서도 부드럽고 당도가 높아 소리 소문 없이 팔리는 특징이 있다. 곶감덕장과 저온저장고를 만들어 출하시기를 조절하고 맛과 품질이 우수한 곶감을 생산하고 있다.

체험은 2008년도 체험객이 10월까지 약 800명 체험을 진행했다. 약 3천만 원의 체험소득을 올리고 있으며 현재 계속 시행착오를 겪고 있다. 체험은 3종류 기본체험을 하고 5천원을 받는다. 3천 평의 물고기 체험장에 서식하는 철갑상어나 향어 등 각종 고기에 물고기 먹이주기, 민물고기잡기, 민속놀이, 고구마 수확체험 중에 3가지를 골라서 하는 형태이다. 다른 한 종류는 1만원을 받는데 창포비누 만들기, 곶감깍기, 만경강 생태체험인데 후자의 체험이 인기를 얻고 있다.

2008년도 예상소득은 창포가공 2천만 원, 곶감 3천만 원, 각종 체험 약 4천만 원 등 총 9천만 원의 수입을 예상하고 있다.

창포마을에는 마을 심벌이 있는데 다듬이 할머니 5명이 그들이다. 단체로 마을에 오면 할머니들이 다듬이 공연을 들려준다. 최고령이 73세의 할머니로 다섯 명 모두 다듬이 두드리기 분야에서는 경력 50년 이상의 베테랑으로 마을에 체험이 없으면 전주나 광주, 수도권으로 다듬이 공연을 하러 다니신다고 한다. 일부 노인정에서는 젊은 언니로 통하는 등 인기절정이라고 전한다.

마을에서는 최근 정월 보름 달집태우기에 대해 재평가를 하고 있다. 마을이 변화하게 된 것이 "마을축제를 통한 주민의 하나 됨"이 마을 발전의 원동력이라는 인식이 확산되고 있다.

2007년부터는 달집태우기 행사도 전주권에서 가장 크게 행사를 벌인다고 한다. 높이 40미터 밑 둘레 20미터의 초대형 달집을 만든다. 아직도 노인분들이 5천원, 1만원씩 돈을 낸다. 이 돈이 약 500만원이고 4개 마을별로 지신밟기를 해서 약 150만원을 모금한다고 한다. 달집태우기 행사를 하면 완주 전역에서 마을 풍물패가 모이고 규모도 완주 제일로 수천 명의 관광객, 주민이 모이고 주민 스스로 모은 돈으로 이들에게 국밥과 떡을 무료로 주며 풍년과 나라와 마을, 가족의 안녕을 기원한다고 마을의 추진위원장은 전한다.

앞으로 창포마을은 마을을 뷰티(미용)산업 중심으로 변화시키려고 한다. 창포를 중심으로 하여 향기산업으로 발전시킨다는 전략이다. 이를 위해 다양한 교육과 선진지 견학을 국내외로 가서 받고 있다. 그런 결과인가 마을 전체가 하나의 주식회사와 같은 인상을 받는다. 2008년도 전국 팜 스테이 마을 중에 제일 우수하다는 평가와 함께 농협에서 3천만 원의 시상금도 받았다고 한다.

그렇다면 창포마을의 성공요인은 무엇인가. 첫째, 전 주민이 하나로 뭉쳤다는 점이다. 노인들과 젊은이 모두 달집태우기를 살아있는 주민주체의 축제로 만들 정도의 열정과 공동체성을 가지고 있다는 점이다.

둘째, 민주적인 마을운영을 한다는 점이다. 매주 각 자연마을의 대표들이 모여서 마을의 중요 안건을 처리한다는 것이다. 매주 금요회의는 2004년부터 한 주도 쉬지 않고 계속된다는 말이다. 참 대단한 마을이라는 느낌이다.

셋째, 마을 발전을 위한 초기자금 마련이 가능했다는 점이다. 불완전한 미래를 보고도 선뜻 자기 돈을 출자할 수 있다는 자세가 마을 발전의 초석이다. 자기희생을 할 수 있다는 증거이다. 누구나 자기 돈은 소중하다. 그렇지만 마을을 위해 자기 돈을 내고 하나로 뭉친다는 것에 지자체를 감동시켰다고 보는 것이 타당하다. 그래서 완주군이 창포마을에 지원해 준 것이다.

넷째, 창포라는 특이한 소재를 택하고 이것에 올인하고 있다. 특이한 소재를 정하고 전통과 민속 다양한 관점에서 마을재생을 위해 최선을 다하고 이 노력이 지속적으로 가능하다는 점이 발전의 원동력이다.

마을주민들은 말한다. 소향리 4개 마을은 98%가 산지이고 농사로 부자가 되기는 하늘에 별 따기보다 힘듭니다. 하지만 우리는 지금 마을을 부자마을로 변화시키고 있습니다. 아흔 살 할머니부터 어린이까지 모두가 하나로 뭉쳐서 창포마을의 긍지를 가지고 다시 사라져가는 단오와 전통을 살려 21세기 첨단 뷰티산업으로 변화시킬 겁니다.

7. 제주 어멍아방 마을

제주 남제주군 성산읍 신풍리의 어멍아방 잔치마을. 제주공항에서 자동차로 40분을 달려 마을 초입에 들어서면 탁 트인 쪽빛바다와 푸른 하늘이 한 눈에 들어온다. 조랑말이 뛰놀고 난대림이 빼곡한 곳, 성읍민속마을과 이웃한 곳이다.

어멍아방이란 제주 사투리로 어머니와 아버지라는 뜻이다. 2002년 농진청에서 지정하는 전통테마마을로 선정된 뒤 만든 신풍리(新豊里)의 브랜드 이름이다. 제주의 전통문화와 농·어업을 관광과 연계시킨 그린투어 마을이다.

제주도에서 사라져가는 전통혼례의 원형을 이곳에서 찾아볼 수 있다. 신풍리는 제주도의 고(高), 양(梁), 부(夫)씨의 조상이 이곳에서 세 명의 공주와 혼인을 올렸다는 전설이 서린 혼인지에 인접해 있다. 전국 어디서도 재현할 수 없는 제주도만의 부모님의 은혼식, 금혼식을 기념할 때 제주 전통혼례를 이곳에서 만들 수 있다.

어멍아방 마을주민은 229가구 652명이다. 대개의 그린투어 마을이 기껏해야 100가구를 넘지 못하는 것에 비추어 대규모다. 인구가 많다는 것은 주민의 사회적 이동이 적고 지역 폐쇄성이 상대적으로 강하다는 것을 함축한다. 어딘지 모르게 외지인을 배척하는 분위기가 느껴진다.

하지만 실제로는 전혀 그렇지 않다. 오히려 다른 지역에서는 볼 수 없는 독특한 프로그램으로 그린투어의 활로를 찾았다. 눈을 마을 밖으로 돌려 남제주군 지역과 연계하는 다이내믹한 그린투어 프로그램을 만든 것이다. 2003년 농림부 '농촌 마을가꾸기 경진대회'에서 받은 상금으로 대형버스를 산 뒤 방문객에게 우도, 성읍 민속촌, 산굼부리 같은 주변 관광지를 보여주는 관광프로그램을 패키지로 만들었다. 입담 좋은 새마을 지도자 오현방 씨가 이 버스를 운전하며 주변 관광지와 마을을 오가는 복합형 그린투어를 실천하고 있다.

어멍아방 마을의 또 다른 특징은 제주관광에서 도시민이 바라는 틈새를 공략한다는 것이다. 대부분의 제도권 관광은 '겉에서 보는 제주'만을 보여주지만 그린투어를 통해 '마을 사람과 호흡을 같이 하며 제주사람의 생활상을 경험한다.'는 특징이 있다. 관광유형 중 제일 문화성이 높은 형태다.

마을사람과 대화하며 사투리를 배우고, 아침에 포구에 가서 방금 잡은 신선한 물고기와 한치로 비빔밥과 회를 같이 먹는 풍경은 신풍리만의 모습이다.

신풍리의 그린투어 프로그램은 2박 3일 패키지(1인 13만 원)로 운영된다. 굴물과 감물 염색을 할 수 있으며 도예가 송충효 선생의 도예원에서 제주 특산인 천목(天目)이라는 제주도자기에 대해 배울 수 있다.

토종 제주사람들의 음식을 먹을 수 있다는 것도 큰 매력이다. 마을에서 생산되는 무공해 농산품을 이용해 주민들과 함께 직접 만들어 보고, 맛도 보는 음식체험과정이 포함되어 있다. 양념이 적고, 재료 그대로의 맛을 살린 음식에서 나오는 담백함이 그만이다.

남제주군 농업기술센터의 기술지원을 받아 어멍아방 결혼체험, 고망(구멍)낚시, 집줄 놓기, 바닷물 손두부 만들기, 오름 등반, 감귤수확, 감귤가공(즙, 잼), 염색체험, 사투리 게임 등을 만들어냈다. 제주도가 아니면 어디에서도 맛볼 수 없는 이런 프로그램이 지난 7년간 '8만 명 방문'의 성과를 이끌어냈다. 제주도에 그린투어 프로그램이 없던 때엔 관광객이 거의 전무하다시피 했던 것에 비춰 엄청난 결과다.

요즘 신풍리 주민들에게 외지인을 맞는 친절 교육이 필요하다고 느끼고 있다. 이 때문에 주민들을 남제주군에서 실시하는 서비스 친절교육에 참가하도록 독려하고 있다.

어망아방 마을사람들은 "우리 마을을 찾는 관광객 및 소
비자들에게 우리 지역 농·특산물을 구매하게 하고, 독특
한 체험을 하며 쉬어 갈 수 있도록 환경을 조성하는 게 마
을의 꿈"이라고 말한다.

8. 유기농과 바이오 메스 발제에 대한 토론문

남양주가 2011년 세계 유기농대회를 유치한 것에 대해 먼저 축하를 보낸다. 그러면서도 남양주가 한국 유기농을 대표해서 전 세계에서 오는 수많은 전문가와 유기농으로 똘똘 뭉쳐진 사람들에게 무엇을 보여주어야 할 지 많은 생각을 해야 할 것이다.

이것은 우리나라 전체에 퍼져 있는 대량생산과 대량소비에 대한 과정과 절차를 따르지 않는 현실에 대한 경종이기도 하다. 단지 보기 좋은 식품이 잘 팔리고 보다 많이 생산해 도시사람에게 판다. 자본주의 제일의 원칙이 여전히 유기농에도 적용된다.

유기농이라는 것은 잘 알다시피 진짜 농산물을 생산하고 진짜 유통과정을 가지고 올바른 식생활을 해야 의미가 있다. 현재 우리나라 유기농의 문제는 생산과정에만 중심을 두고 해삽(HACCP 위해요소 중점관리 기준)인증을 받지 않아 유통과정에서 문제가 발생할 제품도 상당수 있다. 이런 점들을 보완해야 한다.

또 유기농에 대한 소비자들의 올바른 이해도 필요하다. 유기농산품을 먹는 것은 삶의 방식 전환이 전제가 되어야 한다. 과도한 소비나 산업화, 도시화, 향락주의를 택하면서 좀 더 확장적인 사고방식으로서 건강한 식품을 먹는다는 것은 유기농의 생산과는 거리가 있다.

유기식품이라는 것은 안전하고 안심할 수 있는 먹을거리이다. 다른 말로 농약을 사용하지 않고 비료도 주지 않는 참먹을거리가 유기식품이다. 만약 농약을 주지 않고 손으로 정성 들여 생산한 먹을거리를 한 사람의 농부가 생산한다면 얼마나 많은 양을 만들 수 있을까. 1인당 1천 평을 생산한다는 것은 아마 무리일 것이다. 유기농으로 정성 들여 재배한다면 평당 소득이 얼마나 나올까. 아무리 많이 나와도 평당 이득이 삼만 원 이상은 어려울 것이다.

한국에서는 3천만 원으로 살아갈 구조는 아니다. 우리나라는 여러 가지로 비교되고 소문이 많은 나라이다. 참고 꿋꿋하게 살아간다는 것이 무척 어렵다. 만약 살아가려면 세상과 단절하고 마음이 어울리는 철학 있는 사람들만이 같이 할 수 있을지도 모른다.

그렇다면 자신과 주변사람들과의 네트워크로서의 유기농은 의미가 있다고 할 수 있지만 대량생산으로서의 유기농은 한계를 가질 수밖에 없다.

산업적인 대안은 없는 것인가. 지금과 같은 관행적인 유통구조 아래서 대안은 없다는 판단이다. 대안을 만든다면 미래지향적인 삶을 만들어나가야 한다. 작고 소박하고 느린 것의 소중함을 알고 지속가능한 삶을 이해해야 할 것이다. 조금 느리게 가고 천천히 생각하고 자연과 공존 공생하는 방법, 욕심을 부리지 않는 삶의 자세를 만들어야 유기농을 경영할 수 있는 철학을 만들 수 있다.

모든 것을 유기농으로 하기는 어려움이 많다. 가장 소중한 것부터 유기농으로 해야 한다. 그리고 점차 확대해야 한다. 작은 개인이라는 점에서 시작해 이웃이라는 선을 만들어야 한다. 그리고 선(이웃)과 선(네트워킹)이 이어져 마을(혹은 공동체)이라는 면이 되어야 한다.

그것이 마을가꾸기로 되어 유기농마을이 되어야 한다. 유기농마을은 나름대로 규약이 있어야 한다. 그것을 지키고 실천해야 한다. 규칙을 지키기는 쉽지 않을 것이다. 그럼에도 불구하고 유기농을 하려면 지켜야 한다.

무엇을 어떻게 만들어야 하는가. 먼저 농약을 사용을 엄격히 제한해야 한다. 사람과 자연을 동등하게 대해야 한다. 자연이 살아야 사람이 살아갈 수 있다는 생각을 갖아야 한다. 자연의 항상성이 한 번 흐트러지면 회복하기는 무척 어렵다는 것을 꼭 알아야 한다.

마을가꾸기는 도시사람과 더불어 해야 한다. 남양주 내에서 초등학교나 유치원과 급식운동을 같이 해도 좋다. 어른과 어린이, 자연과 동식물이 더불어 살아갈 수 있다는 가치를 소중하게 생각하자. 이것이 유기농을 남양주에서 실천하는 방법이다.

9. 한국사회에서 도시재개발이란 무엇인가

도시는 생명체로서 연속성과 항상성을 가지려 노력한다. 이러한 현상은 당연한 것으로 받아들여진다.

이 과정에서 선진국과 다른 대한민국 사람들만의 특징이 나타난다. 그것은 "힘만 있다면 사익이 공익에 우선할 수 있다."는 논리다. 이 논리는 IMF 이후 지난 10년간 좌파정권에서도 유효했다. 그렇다면 우파정권에서는 얼마나 활개를 칠 것인가.

지난 40년 부동산은 최고의 재테크수단으로 여겨져 왔다. 집 한 채 없으면 무능력한 가장이고 그 집은 몰락하거나 중산층이 아니라고 보는 시각이 많았다. 그래서 결혼하자마자 아무 생각 없이 수도권의 아파트 한 채를 장만하고 점점 강남권에 가깝게 이사 가는 것이 중요한 재테크수단으로 인식해 왔다.

강남에 사는 아줌마들은 자신들이 무슨 특권층인 것처럼 '조용조용하게 드러내놓지 않고' 자랑한다. 또 많은 사람들은 그들이 성공한 세상살이인양 부러움 반, 질투 반 바라보고 있다. 결국 이런 시각이 존재하는 한, 서울과 대한민국은 부동산공화국이고 언젠가 터질 때까지 계속 폭탄은 돌아갈 것이다.

현재와 같은 사회풍토가 과연 건강한가. 원론적이지만 도시는 공공과 개인이 적절히 조화로울 때 부가가치를 창출해낼 수 있다. 서울의 부가가치는 무엇인가. 서울의 제일가는 부가가치는 600년 고도라는 점이다. 전 세계에서 가장 다이내믹한 도시라는 점이다. 또 디지털문화와 열정적인 디자인이 존재한다는 점이다. 요약한다면 역사도시이고 역동도시이고 첨단, 문화도시 정도로 규정해볼 수 있을 것이다.

그렇다면 도시의 성격이나 색깔도 형상을 담보해내야 한다. 거리의 면면에서 이런 느낌이 묻어 나와야 할 것이다. 예를 들어 인사동이나 삼청동, 가회동처럼 전통보전지구에서는 21세기가 아닌 18세기의 도시와 같은 느낌을 얻어야 할 것이다. 또 역동적인 면모가 서울의 25개 구에 있는 많은 재래시장이나 공공 공간에서 향기가 솟아나야 맛이 있을 것이다. 첨단도시는 개인을 위한 첨단이 아니다. 공공과 국민 모두를 위한 첨단이다.

하지만 개인공간 안에서는 최첨단을 향유하지만 한 발짝

나와서 도시를 보면 19세기와 21세기가 공존하는 4차원의 세계다. 유모차나 휠체어가 지나갈 수 없는 수많은 보, 차턱과 경사, 온통 전선과 전주로 도배하는 선의 도시, 사람에 대한 배려는 없고 물질과 돈에 대한 찬사만이 존재하는 공간, 이런 공간이 서울이고 이것을 추구하는 사람들이 오늘날 재개발을 원하는 사람들이다.

대한민국 사람들에게 문화도시란 의미가 없다. 열심히 일하고 개발을 추구한다. 집값 상승이 문화이고 용적률 높은 새 아파트가 문명인 세계에서 보기 드문 엽기가 상식인 나라이다.

돈만 있으면 가장 행복한 나라. 수많은 근대유산이 재개발에 휴지처럼 사라지는 나라. 수백 채의 한옥을 보전하고 대단한 긍지를 느끼는 나라. 역사성이나 장소성은 아무런 의미가 없는 나라, 추억이 소중하지 않은 나라. 우리가 이런 나라에 살고 있다.

21세기 우리나라의 공간구조를 어떻게 창조해야 하는가를 자문해본다. 도시에서 무엇을 보전하고, 무엇을 복원할 것인지. 또 무엇을 개발하고 발전시킬 것인지를 고민해본다. 하지만 현재의 대한민국 도시에서 분명 남는 것은 제도와 법망을 빠져나가 하나라도 더 얻으려는 이기심과 사행심만이 당당한 아파트이다.

이런 도시에도 미래는 있을 것이다. 그러나 그것은 더욱

꼼수에 능통하고, 열심히 일하는 것보다는 사행심에 의존하는 미래일 것이다. 대한민국의 도시재개발을 보면 톱밥에 불을 붙이는 격과 같다. 톱밥에 불을 붙이면 그 어떤 나무보다도 잘 탄다. 너무 화력이 좋아 기름을 부어놓았다고 착각할 정도이다.

하지만 톱밥이 떨어지면 그 흔한 밑불이나 숯도 없이 바로 꺼져 버린다. 서울의 재개발이 그렇다. 계속 짓고 부수고 조금이라도 돈이 된다면 그 어떤 가치보다도 우선하는 재개발이 최고이다. 누가 도시를 이렇게 만들었나. 도시는 회색으로 변해가서 한강도 관악산도 보기 힘들다. 하늘도 회색, 도시도 회색, 사람도 회색인인 사막 같은 도시가 대한민국의 수도인가. 이런 도시에서 선진국 국민들이 관광하고 싶다고 생각하겠는가.

그렇다면 어떻게 도시를 변화시켜야 하는가. 먼저 용적률을 제한해야 한다. 그래서 사람들이 개발에 대한 다른 생각이나 부동산이 유일한 투자처라는 생각을 변화시켜야 도시가 산다. 삶의 터가 삶의 터답도록 노력해야 한다. 그래야 슬럼이 안 될 것이다.

둘째 아름답고 좋은 건물을 짓는 건설사나 주민들에게는 일정 수준의 인센티브를 부여해야 한다. 좋은 공원을 가진 단지, 여가시설이 분명한 아파트, 전 세대원이 선한 공동체성을 가진 마을, 마을가꾸기나 지역활력화 사업을 하는 지역이나 집단 등에 분명 지원이 있어야 대한민국의 도시가 산다.

도시가 살아야 산업이 살고 진짜 살맛나는 세상이 된다. 값싼 복제품의 아파트가 아니라 30세기를 바라다보고 건설하는 명건축물이 서울에, 대한민국의 도시에 나와야 한다. 왜 우리가 두바이나 상하이보다 못한가.

일부 중산층의 의식이 문제이고 건설사의 지나치게 쉬운 영업방식이 사태를 어렵게 만든다. 터키의 카파도니아나 그리스의 산토리니, 이태리의 피렌체, 독일의 뮌헨 모두 각각의 형태가 있다. 잘난 조상을 만나서 후손들이 먹고 산다.

1000년 후의 31세기 후손들이 우리를 잘난 조상이라고 자랑하는 그런 도시는 만들 수 없는 것인가. 전 세계에 자랑할 수 있는 어메니티와 매력, 젊은 날 홍얼대던 유행가와 같은 도시는 우리와 상관이 없는 것인가.

이제부터 대한민국의 도시에 희망을 만드는 작업이 진행되어야 한다. 희망공장이 되고 희망아파트가 되고 희망공원이 되고 희망시청, 희망시장이 되어야 한다. 그런 희망이 아이들에게 진짜 꿈을 줄 수 있을 것이다. 꿈과 희망이 있는 도시를 만드는 것이 대한민국의 재개발이 되기를 기대한다.

10. 윤보선 대통령 탄생 110주년을 기리며

　피천득 선생의 수필 '인연'이 풋풋한 사랑이야기라면 윤보선 대통령의 동천리 사랑은 꽃을 가꾸는 애정의 손길입니다.

　해위 윤보선 선생은 생전에 주민들에게는 큰 바위와 같은 존재였습니다. 언제나 주민들을 배려하는 모습 속에 그분의 국민사랑도 알 수 있습니다. 주민들의 증언에 따르면 "자신이 오면 주민들이 대접하려 한다."면서 "마을 입구 노인정에 차를 세워두고 걸어 오셨다."고 합니다.

　이성복 이장에게는 "이 꽃이 무슨 꽃인지 아느냐. 그래 개망초다. 개망초가 흥하면 나라가 망한다. 우리 이 꽃을 뽑자."라고 제의했습니다. 윤상구 대표의 어린 시절 기억은 잡초를 뽑던 추억이 많았다고 말합니다.

　박정희 정권에 항거하면서도 틈틈이 동천리에 내려와 주

민들과 이야기하고 꽃을 가꾸던 모습은 아직도 주민들의 가슴속에 향기로운 낭만으로 남아 있습니다.

계획가로서 어떻게 하면 이런 특징을 가지고 있는 마을을 발전시킬 수 있을까. 주제를 무엇으로 잡을까 고민했습니다.

마을 안에 있는 윤보선 대통령의 묘소, 백제 후기의 물왕산성, 8가구의 사슴농장, 선인장농장 등 특징을 고찰했습니다. 호리병처럼 생긴 지형지세를 아름다운 경관으로 가꿔 주민들이 잘살 수 있으며 살기 좋은 공간을 마련하고자 합니다. 무엇보다도 주민들의 열성적인 마을사랑의 의지도 탁월했습니다.

먼저 윤 대통령 타계 이후 연결고리가 약했던 윤보선가의 대표 윤상구 선생과 마을주민들을 연결해 주는 것이 필요하다고 판단했습니다.

그간 서울 안국동과 아산 동천리에서 다섯 차례 모임이 있었습니다. 윤 대표께서 직접 아산에 내려와 아름다운 한옥마을을 가꾸는 강연도 해 주시고 이장님과 주민들이 안국동에 방문해 마을 현안도 토론하곤 했습니다.

그리고 해위 선생 탄신 110주년 기념 세미나를 "주민들이 주체가 되어 추진"하고 마을이름도 '대통령마을'로 명명하겠다는 중대결정을 내리게 되었습니다. 물론 마을총회의를 거쳐 결정됐습니다.

농촌진흥청에서 올해의 전통테마마을로 지정해 아산시 농업기술센터에서 적극적으로 지원하고 있는 마을이기도 합니다.

이런 연유로 오늘 윤보선 대통령 탄생 110주년 기념 세미나를 이곳 아산 음봉농협 대강당에서 개최하게 되었습니다.

이 세미나는 행사로서의 의미보다는 주민과 출향민이 하나 됨을 상징하고 대통령 퇴임 후 어떤 길을 가야 하는가를 교훈으로 우리에게 제시한다고 판단됩니다. 또 산업화와 도시화 확산으로 고민하는 아산시가 나가야 할 방향도 알려 줄 것입니다.

동천리는 명당마을입니다. 또 역사와 문화가 살아 숨 쉬는 아산의 보고(寶庫)입니다. 이런 동천리가 마을 경관을 보전하고 마을이 가진 정체성을 잘 살려 나간다는 선언을 오늘 할 것입니다. 그린투어컨설팅도 동천리가 앞으로 잘 발전해 나갈 수 있도록 구상을 잘 세워 제시하겠습니다. 중앙정부나 충청남도, 아산시 관계자님께서도 동천리를 지도 편달해 주시기 바랍니다.

동천리는 지금 농촌마을종합개발사업을 준비하고 있습니다. 전통테마마을을 잘 마무리하고 아산시의 지원 속에 종합개발사업이 순조롭게 진행되기를 기원합니다.

11. 홍천지방의 비밀요리를 맛보러 수라상마을로 오세요.

공포의 56번국도. 교통사고가 일어나면 대형 사망사고로 이어지는 오명의 마을이 변화하기 시작했다. 변화의 단초는 내삼포리 허남홍 이장과 100여 명의 주민들.

1988년 올림픽 개최를 위해 56번 국도를 직선하고 차선을 넓히자 사망사고가 일어나기 시작했다. 국도가 확 포장된 이후 지금까지 내삼포리 삼포중~삼포초등학교 사이 500여 m의 구간에서 이 마을주민 15명이 숨지고 65명이 부상을 당했다. 주민 안종덕 씨는 신기하게도 "불과 500여 m밖에 안 되는 도로에서 19년 동안 80명의 사상자를 냈다."며 고개를 흔들었다. 주민들은 스스로가 안전하고 안심하면서 살 수 있는 방법을 수십 차례 주민회의를 했지만 특별한 묘안이 나오지 않았다.

그러던 중 2007년 여름 홍천군 농업기술센터(소장 최봉현)에서 농촌진흥청의 전통테마마을사업을 해볼 의향이 있는지 타진했다. 주민들은 2억 원의 사업비로 교통사고도 줄이고 도시민체험도 할 수 있는 아이디어를 행정과 전문가, 주민이 모여 7개월 동안 구상하고 계획을 완성했다. 교통사고도 예방하고 농촌체험도 하면서 농가소득도 올릴 수 있는 세 마리 토끼를 잡는 방안이 나온 순간이었다. 그린투어컨설팅의 유상오 박사는 "사고를 줄이기 위해 속도를 저감할 수 있는 조형물을 설치하고 내삼포 하천과 지역에서 나오는 고유한 먹을거리를 도시민이 맛볼 수 있도록 하는 것이 계획의 출발"이라고 설명했다.

주민들은 마을 이름을 수라상마을로 정하고 CI(심벌)도 만들었다. 전설에 따르면 이 마을에 대감이 살았으며 임금님께 홍천 쌀을 진상해 수라상을 만들었다는 이야기에 따른 것이다.

사실 홍천에서도 내삼포리 쌀은 옛날부터 최고의 맛을 자랑한다. 때문에 우리나라에서 가장 미질이 우수한 '농진청 탑 라이스생산단지'가 내삼포리에 있다. 도시민이 방문하면 저온 보관한 쌀을 최신 시설을 갖춘 화촌 농산RPC에서 도정을 해서 즉시 맛있는 홍천의 산채와 수라밥을 먹을 수 있다.

주민과 컨설팅사는 교통사고 예방을 위해 500m 구간의 한가운데에 마을회관이 있다는 것을 착안했다. 높이 7m의 대형 안내판을 세우고 야간조명도 해 볼거리를 만들었다. 주민들은 간판이 세워지자 차량 속도가 줄어 든 것 같다고 말했다. 간판이 선 이후에는 놀랍게도 교통사고가 1건도 터지지 않았다.

사업이 순조롭게 진행되자 주민들은 지난 6월부터는 신바람이 났다. 마을회관도 리모델링을 해서 쾌적한 환경에서 도시민들이 농촌체험도 하고 맛난 음식도 맛볼 수 있게 한다고 자랑이다.

허남홍 이장은 "지난 20여 년 불안하던 마을이 이제는 자신감을 가지며 수라상마을로 다시 태어났다."면서 "주민들이 최고의 정성으로 만든 수라상을 드시러 오면 이 지방에서만 전래돼 내려 온 먹을거리를 선보이겠다."고 약속했다.

또 홍천군 농업기술센터 최봉현 소장은 "직원들과 주민이 팥고비나물, 비병초나물, 도리뱅뱅이(물고기를 잡아서 솥뚜껑에 놓고 조선간장으로 조림), 돌멍게무침(홍천지방의 고유한 메밀), 콩탕 등 다양한 요리를 재현했다."면서 도시민을 초청했다.

내삼포리 주민과 관계자들은 29일 "내삼포리 수라상마을 선포식"을 하고 본격적으로 도시민에게 맛깔스러운 음식과 홍천의 구수함을 전할 준비를 끝마쳤다.

12. 강원 첫 마을의 작은 실험

　요즘 강원도에서는 철원의 한 마을이 화제다. '강원 첫 마을'이라고 불리는 이 마을은 새 농·어촌 건설운동을 준비하는 마을이다. 새 농·어촌 건설운동이란 강원도에서 1997년부터 시작된 운동으로 정신, 소득, 환경 분야에서 일정수준 이상의 성과를 얻으면 도에서 아무런 조건 없이 5억 원을 지원하는 운동이다.

　매년 약 30여 개의 마을이 새 농·어촌 건설운동을 통해 우수마을로 지정되고 새롭게 도약한다. 대표적인 성공 마을로는 여러 개가 있다. 그중에서도 강원도 평창의 수림대마을도 좋은 예다. 수림대마을은 화려한 봉평 금당계곡의 경관을 활용해 마을 팬션을 건설했다. 평창의 절경과 훈훈한 인심에 폭 빠진 도시민들은 여름뿐만 아니라 이제는 봄·가을 주말에도 수많은 체험을 이 마을에서 하고 있다. 성공한 마을이다. 주민들도 열심히 체험용 팝콘을 튀기고 초콜 릿을 만들어 어린이들에게 큰 호응을 끌고 있다.

강원 첫 마을이 화제인 이유는 두 가지다. 점점 고령화 되는 농촌 마을이 어떤 대안을 만들어야 하는지를 제시한 다. 또 리더 한 사람이 얼마나 마을을 긍정적으로 변화시키 는가를 극명하게 보여주기 때문이다. 이 마을 리더는 이명 식 이장(74세)이다. 노인회장과 청년회장이 70세이고 부녀 회장도 60대다. 운동에 참여하는 대부분의 사람들이 노인 이다. 노인들이 한여름 30도가 넘는 햇빛 아래서 꽃을 가 꾸고 10여 톤의 퇴비를 만들었다. 상해계곡이라는 천혜의 계곡을 활용해 도·농 교류도 적극적이다. 마을 교회 젊은 목사도 주민들에게 인터넷을 가르치고 직거래하는 방법도 소개하고 있었다. 수많은 전문가들을 초청해 강의도 하고 주민들 스스로 마을을 발전시킬 계획도 마련했다.

변화의 단초는 이명식 이장이다. 이장은 새 농민상 수상 자로 한우와 젖소 150여 마리를 키우는 부농이다. 1988년 빈손으로 이 마을에 들어와 20여년 만에 큰 부를 이루어 놓았다.

그는 마을주민들에게 자신의 땅도 기꺼이 활용하도록 내 놓았다. 부녀회에게는 더덕과 도라지를 키우는 밭을 무상으 로 내놓았다. 노인회에는 은행나무와 뽕나무단지를 내놓았 다. 마을 노인들이 중심이 된 새로운 농촌마을가꾸기의 모델이 탄생 중이다. 지금 같은 노력이면 강원 첫 마을은 새 농·어촌운동 역사상 처음으로 운동 출범 첫 해에 우수마을이 되는 최초의 마을이 탄생할 전망이다.

이렇게 마을이 변화한 것은 이장의 리더십 발휘가 컸다. 이장은 10여 년 전부터 매일 아침 비가 오나 눈이 오나 태극기를 달고 있다. 두 명의 손자와 매일 1㎞씩 구보를 하고 손자들과 함께 "우리는 할 수 있다, 하자."를 외친다. 그는 구보 후 손자들과 매일 심장과 심장의 고동을 들을 수 있도록 포옹도 하고 있다.

매일 태극기를 게양하는 모습은 마을주민 속으로 펴졌다. 이제는 포천에서 철원으로 도경계를 넘어오면 온 마을이 태극기로 휘날린다. 감동적이다. 태극기 뒤로는 아름다운 산하와 코스모스와 샐비어가 피어 있다. 국도변에는 경관을 가꾸기 위한 수수도 가지런히 심어져 있다.

강원도 새 농·어촌 건설운동이 새롭게 도약하기 위해서는 노인중심이 돼 마을가꾸기를 하는 마을들이 많이 탄생해야 한다. 별난 마을운동과 특성 있는 마을개성을 창출할 수 있도록 강원도가 도와야 한다. 마을개성은 도시민에게 새로운 체험을 제공한다. 이런 농촌체험은 강원도의 힘이다. 강원도가 가진 자연자원과 농업, 그리고 농민의 정감나는 인심이 도시민을 강원도로 이끈다.

강원 첫 마을은 강원도의 관문으로 어메니티 높은 경관

을 주민 스스로 가꾼 좋은 사례다. 이장은 마을주민들을 독려하기 위해 개인의 소를 한 마리 두 마리 팔아 새 농·어촌 건설운동을 준비하고 있다.

5억 원 수상금을 마을에서 받으면 마을 산에 팬션을 짓고, 한복 입고, 달구지에 어린이들을 태우고 옛날이야기를 하면서 남은 여생을 보내고 싶다는 희망을 가지고 있다. 시속 100km 빠른 자동차 길에서 바라본 시속 5km 느림의 미학이 새로운 농촌 마을의 모델을 탄생시킬 것이다.

13. 새 농·어촌 건설운동의 발전방안에 관해

새 농·어촌운동은 주지하다시피 1998년 김진선 지사에 의해 창안, 실시되었다. 이것은 일본 오이타현의 히라마쯔 지사의 1촌 1품 운동에 비교해 결코 뒤지지 않는 운동이다. 국내적으로는 녹색 농촌체험마을, 아름 마을가꾸기, 정보화 시범마을, 전통테마마을, 어촌체험마을, 농촌 마을종합개발 등 농·어촌 마을과 권역을 대상으로 하는 국가사업을 등장시키는 시발점이 되기도 하였다. 또한 새 농·어촌 건설운동은 농·어촌개발, 그린투어리즘의 선도 지역으로 각광을 받는 강원도 농·어촌을 가능케 하였다.

국제적으로는 중국, 베트남, 캄보디아 등 신흥개발도상국으로부터 농·어촌개발의 선진 모델이 되어 벤치마킹의 대상이 되고 있다.

이 운동의 역사성은 김 지사 개인이 새마을운동에 대한

열정을 강원도형의 모델로 만들어내고 공무원의 적극적인 지도와 운동주체인 주민들의 참여와 연대가 성공사례라 할 수 있다.

새 농·어촌운동을 21세기 비전과 거버넌스체계에서 성공시키기 위해 세 가지를 제안한다.

첫째, 1970년대 새마을 운동의 21세기 발전모델이 새 농·어촌운동이라는 것을 입증해야 한다. 이 운동을 강원도뿐만 아니라 새마을중앙운동협의회와 행안부와 공동으로 전 국민 운동으로 출범시켜야 한다. 여전히 근면, 자조, 협동과 정신, 소득, 환경이 같은 이념체계로 가져가야 하고 '선 주민운동 후 행정지원' 원칙이 강조되어야 한다.

둘째, 강원도는 재정기획부와 협의해 정부의 균특회계예산에 이 사업을 반드시 사업항목에 집어넣어 이 사업이 전국적으로 소개될 수 있도록 해야 한다. 그래야 민간운동과 공공, 지자체가 합동으로 21세기 마을가꾸기 운동을 전개해 나갈 수 있다.

셋째, 강원도의 미래교육원에서 전국 이장, 지도자 등 강원도형 마을가꾸기 모델을 배우고 익히기를 원하는 사람들에게 돈 받고 교육을 하기를 바란다. 3박 4일 코스로 정신과 운동, 그리고 우수마을 소개와 현장실습 등을 통해 운동이 확산될 수 있고 전국의 농·산·어촌의 주민이 이 운동을 확산시킬 수 있도록 시스템을 마련해야 한다.

14. 안동 권씨 등 5개 문중과 자매결연마을 탄생

 안동에서도 가장 소외된 남부 일직면 귀미리와 망호리. 이 지역은 과거 가장 찬란했던 유교문화를 가진 지역이었다. 보물 475호 소호헌을 비롯해 각종 문화재 11개가 두 마을 곳곳에 산재해 있다. 이런 유서 깊은 마을도 산업화, 도시화 과정에서 소외되면서 점점 살기가 어려워져 주민이 떠나기 시작했다.

 단적인 예가 인구감소와 고령화다. 인구는 1980년 대비 반으로 줄어 두 마을의 경우 600여 명 선이다. 마을에는 젊은 사람을 찾아볼 수가 없다. 마을이 이렇게 사라지게 할 수는 없다는 공감이 마을사람들에게 들었다. 마을의 장래를 생각하는 사람들이 수개월을 고민하고 여러 사람들을 찾아다녔다.

 그리고 내린 결론이 자매결연을 맺는 것이다. 젊은 시절

마을을 떠나 초로가 되어 마을로 돌아온 김정근(전 삼성중공업 본부장)과 강화수(귀미리 총무), 남석현(망호리 총무)이 중심이 되어 자매결연을 맺기 시작했다.

자매결연 중에 가장 특징적인 것이 이 마을에 있는 5대 종택과 자매결연을 맺은 것이다. 즉 안동 권씨 권오철 문중대표, 의성 김씨 김동* 문중대표, 영양 남씨 *** 문중대표, 대구 서씨 서기원 문중대표, 한산 이씨 이장원 문중대표와 지난 8월부터 10월까지 자매결연을 맺었다. 이들 성씨는 이 마을과 주변에서 수백 년을 살아오고 있으며 전국 각지에서 많은 활약을 하고 있다. 수백 년 동안 한 마을 주변에 5대 문중이 살아오고 있다는 것도 특이한 면이지만 동일한 문화적, 경제적 공동체를 이루면서 살아왔다.

마을은 일단 올해는 자매결연을 맺고 지난 추석에 상견례를 했다. 또 마을에 있는 포도밭에서 농촌체험을 했다. 마을의 전략은 각 성씨의 마음의 고향인 귀미리와 망호리를 1년에 한 번 찾아오는 홈컴잉데이를 만드는 것이다. 또 4계절 고향에서 나오는 안전하고 신선한 과일을 직거래해서 먹는 것 두 가지를 실천 강령으로 정했다.

5대 성씨가 마을에 귀촌·귀농할 경우 농지와 살집을 싸게 마련해 주기로 했으며 농촌 정착을 위해 각 성씨와 면사무소(면장 김상화)에서 생활과 영농에 대한 후견인을 지정해 멘토링을 할 수 있도록 했다.

이 마을의 김정근 위원장은 "여러 가지로 어려운 농촌현실을 극복하는 방법은 도시민과 네트워킹을 한 도·농 상생의 방법과 각 가정의 뿌리인 성씨가 중심이 되어 농촌을 도시가 지원하는 방법만이 농촌을 다시 재생시킬 수 있기 때문에 자매결연을 선택하게 됐다."고 강조했다.

한편 두 마을은 서울 대원외국어고등학교, 행자부 소관의 한국지역진흥재단, 캐논코리아, 경북과학대, 안동 길원여고 등 총 13개 학교와 기업, 문중과 자매결연을 모두 마치고 2009년부터는 농촌체험과 직판으로 마을의 활로를 만들려는 각오로 내년을 준비하고 있다.

15. 3천만 원으로 은퇴 후 40년 사는 법

　최근 경제가 IMF 시절보다 더 어렵다고 한다. 대량해고가 시작된 미국에서는 급기야 중산층 가정에서 실직한 아버지가 생활고를 비관해 네 자녀와 부인을 총으로 쏘고 자신도 자살하는 가슴 아픈 사건이 벌어졌다. 미국 언론들은 대단히 충격적인 일이라고 보도했지만 우리는 언제부터인가 남의 일이 아니라고 은연중에 흐느낀다.

　신문에서는 어려울 때일수록 은퇴 준비를 하라고 충고하고, 금융권은 최소 7억 원 이상은 있어야 노후 대비를 할 수 있다고 설득한다. 대부분 사람들에게 7억 원은 평생 벌어도 모을 수 없는 큰돈인 만큼 자신과 상관없는 일이라고 생각한다.

　지난 2007년 서울대 소비자아동학부가 은퇴자 503명을 대상으로 '은퇴자 자산관리 현황'을 조사했다. 우리나라 은퇴자들의 평균 나이는 54세이고, 자산 관리는 사실상 '무대책 상태'라는 비관적인 결과가 나왔다. 더욱 비참한 것은 은퇴 당시 금융자산이 전혀 없는 사람이 전체의 11.5%라는 점이다. 퇴직금을 제외하고 은퇴 당시 보유한 전체 평균 금융자산은 600만원이었다. 조사 대상자의 48%는 5천만 원을 밑돌았다. 양극화가 심화되고 있다는 증거이다. 은퇴 후 그들이 보유한 자산으로 생활할 수 있는 기간 추정치는 불행하게도 평균 11.7년이라고 한다.

2년 전보다 몇 배 더 어려운 오늘의 경제위기를 서민들은 어떻게 이겨내야 하나. 예고 없는 해고와 실업, 이어지는 은퇴는 국가경제를 흔들고 집 한 칸 없는 시민들이 별다른 수입도 없이 참아내기란 말로 표현하기 힘들 것이다. 어려움이 지속된다면 극빈층으로 전락하리라는 것은 불을 보듯 뻔하다.

정말 3천만 원으로 은퇴 후 40년을 살 수 있을까. 삶의 철학과 방식을 바꾼다면 가능하다. 조금 느리고 소박하게 생활하고, 시골에서 자연과 더불어 살아가는 것이 가치 있는 일이라고 받아들인다면 오히려 행복해질 수도 있다.

부자들처럼 많은 돈을 모을 수 없다면 은퇴 준비를 단순히 금전 중심으로 하는 것은 대안이 될 수 없다. 느리게 살아가는 법, 도시의 향락주의와 이별하는 법을 스스로 터득해야 한다. 또 크고 보기 좋은 것이 아닌, 작고 벌레 먹은 것의 가치와 자연과 공생하는 방법을 깨달아야 남은 40년을 의미 있게 지낼 수 있다. 현대 물질문명에 매몰된 도시와 부자들의 논리에서 벗어나 자연과 흐름을 존중하는 안빈낙도(安貧樂道)를 터득한다면 얼마든지 행복해 질 수 있다. 이는 단지 개개인의 노후 대비뿐만 아니라 최근 갈수록 심각해지고 국익을 해치는 먹을거리 불안문제를 해결할 수 있는 방책이기도 하다.

그렇다면 3천만 원으로 은퇴 후 40년을 살기 위해서는 어떻게 해야 할까. 무엇보다 시간과 노력과 돈과 도시 빈 공간을 잘 먹고 잘 살 수 있는 가치에 투자해야만 한다. 20~30대 부용한 웰빙 텃밭농사나 베란다 농업을 연습해야 한다. 가족이 먹는 식품에 농약을 많이 치는 사람은 아마 없을 것이다. 누구나 친환경농업을 실천할 것이다. 자신이나 가족이 생산한 농산물은 믿을 수 있다. 진짜 농산물이기 때문이다. 경험의 연장선상에서 귀농하고 유기농으로 농작물을 재배해 도시 지인들과 나눠 먹는다면 갈수록 심각해지고 있는 먹을거리 불안도 해결할 수 있다.

실제 선진국에서는 먹을거리 불안을 해결하기 위한 도시농업을 이미 100여 년 전부터 생활화하고 있다. 독일의 클라인가르텐이나 러시아의 다차, 일본의 시민농업, 캐나다의 옥상농업 등이 그것이다.

은퇴 후에도 3천만 원으로 40년을 살 수 있는 방법은 진짜 믿을 수 있는 농산물을 생산해 도시에 살고 있는 주변 친척과 지인, 선·후배에게 싸게 공급하는 것이다. 또 민박이나 도·농 교류, 그린투어를 하거나 도시생활에서 익힌 전문적인 지식과 농사를 겸업하는 반농반사(半農半事)를 한다면 3천만 원을 가지고도 앞으로 남은 인생을 충분히 살아갈 수 있다.

이는 도시와 농촌이 소통하고 교류하는 상생 방안일 뿐만 아니라 정부가 추진 중인 녹색 성장과 자립형 일자리 창출에도 도움이 될 것이다. 녹색 성장을 하기 위해서는 저탄소산업을 육성하는 것인데, 가장 큰 영향력을 미치는 것이 친환경농산물을 생산하기 위한 전국의 논과 밭이다. 전 국민이 살아남기 위해 녹색성장을 한다면 농약과 화학비료를 사용하지 않는 유기농산물을 키우고 애용하자. 안전하고 안심할 수 있고 신선한 농산물을 생산해 신뢰받는 21세기 녹색국가를 육성하는 것이 결국 저탄소 녹색성장의 근본 동력이다.

이제 은퇴자 스스로 보람된 인생을 선택할 수 있는 결단과 쉽게 도시에서 벗어날 수 있는 틀을 확실하게 만들어야 한다. 단절된 농촌을 도시와 소통시키기 위해서는 국가 차원의 지원이 절실하다. 실제 귀촌·귀농한 사람들은 "국가와 지자체가 소자본농업으로 건강과 일자리를 챙길 수 있도록 도와야 한다."고 주장한다. 귀촌정보시스템을 구축하고, 귀농자 멘토링을 확대하면서, 농촌 어메니티를 개발하기 바란다. 또 도시민이 참여할 수 있는 친환경농업 네트워크를 지원하는 것은 물론, 농지은행제도를 민간과 협력하는 방향으로 개선할 필요도 제기된다.

정부의 지원 없이도 성공 모델을 만들어 나가는 소수의 사람들도 있지만, 대다수 도시 서민이나 은퇴자들은 정부 도움이 간절하다. 농·산·어촌에 정착해 노후를 편안하고 행복하게 보내는 생활, 그것이 자립형 일자리 창출이다.(3천만 원으로 은퇴 후 40년 사는 법 서문에서)

16. '650살 매화나무' 보호수 지정을

　오스트리아 티롤지방에 레오강이라는 작은 마을이 있다. '사운드 오브 뮤직'의 배경과 같은 알프스 만년설을 뒤로 하고 초원과 야생화가 자랑인 마을이다. 세바스찬 헤어조그 라는 사람이 이곳에서 농가 민박을 하는데 1689년에 지어 진 고풍스러운 3층 목조주택을 개조해 도시민을 받는다. 11대 할아버지가 지은 이 집에 대한 자부심이 대단하다.

　재미있는 것은 집 앞 사과나무에 얽힌 사연이다. 집 지 은 기념으로 식수해 수령이 320년, 높이가 20여m에 이르 는 노거수다. 집주인은 방문객들에게 사과나무의 유래 등을 설명하고, 사과가 빨갛게 익으면 사진을 찍어 행정기관에 제출한다. 행정관서는 그해 관광객 수와 사과나무와 지역경 관을 알린 수고와 어메니티 가치를 지킨 것을 포함해 농업 소득의 약 30% 정도의 사과나무 경관보조금을 준다.

우리나라에도 경남 산청에 남사 예담촌이라는 유서 깊은 마을이 있다. 수백 년 된 기와집과 마을 역사에 절로 고개를 숙이게 하는 마을이다. 이 남사마을 진양 하씨 종택에는 우리나라에서 가장 오래된 매화나무 중 하나인 분양매(汾陽梅)가 있다. 650년 이상 된 나무로 노쇠한 가지가 지탱해 주는 받침목에 의지해 목숨을 부지하고 있다. 고려 말 원정공 하집이 심은 매화로 원정매라고도 전해오고 있다. 매화를 고혹의 어메니티 세계로 승화시켰다. 이처럼 심오한 가치를 지닌 나무도 우리나라에는 별로 없다.

슬픈 일은 이 국보급 매화나무가 오스트리아의 레오강 마을의 사과나무와 처지가 너무 다르다는 것이다. 보호에 보조금은커녕 연명도 어려운 실정이다. 집 지은 기념으로 심은 레오강 사과나무에 비하면 원정매는 나라사랑의 철학과 미학이 담긴 소중한 나무다.

정부는 지금 '경관보전직불제'라는 제도를 실시해 ha당 약 166만원을 보조해 주고 있다. 이것은 공간적인 경관을 보전하자는 좋은 취지다. 하지만 경관의 기초인 점적 경관이나 선적 경관을 정부가 지키는 방법은 없는 것인가. 양적 증대가 정작 우리가 지켜야 하고 가치 있는 어메니티를 방치하고 있는지 곱씹어 볼 일이다.

지켜야 할 소중한 자연유산인 산청 분양매는 천연기념물은 고사하고 보호수로도 지정되어 있지 않다. 동양 3대 매화나무 중 하나인 이 나무를 보러 일본사람들은 1년에도 수백 명이 찾아온다. 3년 전 일본의 공영방송인 NHK도 마을과 이 나무를 특집으로 소개했다.

레오강은 사과나무를 활용해 민박 소득도 많이 올리고 마을에서 직접 생산한 치즈도 팔고 관광객들이 매년 늘어난다. 남사마을에 와서는 전통테마의 고가들을 보지만 매화를 보고는 안타까워하는 사람이 늘어간다.

무엇이 오스트리아와 우리나라의 차이점일까. 국민소득 2만 달러 시대. 죽어가는 매화나무에 꽃을 피우고 농촌의 향기로 도시민의 마음을 잡아 둘 수 있는 방안을 찾아야 한다. <경향 2008.11.16>

17. 사라지려는 역사문화거리를 위하여

서울에서 역사와 문화의 향기가 물씬 나는 혹은 잘 익은 과일처럼 정다운 곳을 택하라면 서슴없이 인사동과 황학동을 말할 것이다. 이 두 거리는 아주 대조적으로 보일 수 있다. 그러면서도 전체적인 뉘앙스는 전통과 문화라는 주제를 잘 표현한다.

인사동은 조선시대 권력의 상징인 장엄한 궁궐과 함께 상류 사람들이 살아가는 양식과 생활을 대변하는 현존 유일의 거리이다. 그렇기에 이곳을 사랑하는 시민들은 시대를 달리한 어둡고 쓰라린 세월에서도 낭만과 전통 그리고 예술혼을 달래며 인사동 정서를 지켜간다.

인사동에 비해 황학동을 천하다고 평가절하하는 이도 있을 것이다. 동대문에서 신당동을 향해 걸어가면 청계천 삼일아파트 주변 지저분한 거리가 황학동이다. 그러나 단순하게 지저분하다고 보지 말았으면 좋겠다. 이곳은 20세기 우리의 저력과 어려운 여건에서도 전쟁과 가난을 벗어나는 용기와 신념 그리고 갈대처럼 살아간 서너 세대 전, 아니 우리 할아버지 할머니들이 이 땅에서 어떻게 존재했는지를 보여주는 살아 있는 역사문화박물관이기 때문이다.

인사동이 수백 년을 고고하게 숨 쉬는 연륜의 대자문화라 표현한다면 황학동은 지난 세기의 혼돈과 광란 그리고 근대화 과정에 소외된 어려움과 벗을 삼아 살아가는 민중의 어제와 오늘을 의미하는 곳이다. 또 인사동이 문안의 중심 북촌과 종로를 이어주는 고상한 거리라면 황학동은 빈민들과 걸인이 함께 기거하며 슬픔과 회한을 청계천으로 흐르게 한 거리였다. 그리고 인사동이 명성 있는 예술가와 지식인이 찾는 당대 최고 거리라 한다면 황학동은 재활용과 리사이클 속에 활기와 인정이 넘치는 도깨비거리이다.

이렇듯 인사동과 황학동은 일견 서로 다른 환경에서 살아가고 있는 듯 보인다. 그러나 이 두 거리는 모두 한국을 대표하는 상징의 거리이며 찬사와 갈애(渴愛)의 거리이다. 그렇지만 두 거리의 정체성은 보전되어야 한다. 왜냐하면 역사는 빛과 그림자처럼 언제나 통합적으로 고찰해야 의미를 찾을 수 있기 때문이다.

하지만 불행하게도 우리 시민의식은 역사, 문화적 중요성보다는 눈앞의 재개발 이익에 커다란 가치를 두는 자본주의 논거를 통해 사고하고 있다. 정말로 안타깝고 가슴 아픈 현실이지만 이를 어찌 막을 것인가. 지난 40여 년 오로지 수출과 개발, 성장을 중시하고 오래된 것과 전통을 서구식 사고방식과 신기술 제품으로 변환시키는 것을 최고의 덕목으로 생각하지 않았던가. '돈 버는 기술과 돈 되는 기준과 원칙을 중시하라.'고 교육해 왔고 그것을 잘하는 사람들이 존경받는 시대가 아닌가. 건물주들이 그것에 따라 오래된 건물을 헐고 새롭게 재개발을 한다는 데 누가 그들에게 돌을 던질 수 있단 말인가.

왜 우리가 이리 되었는지 몹시 씁쓸하다. 지난 성장과 노력의 끝이 IMF가 아닌가. 그렇지만 세상은 아직도 확대재생산과 거대개발의 문화를 추구하기에 이 거리가 변하는 것에 분노와 대안을 걱정하는 사람은 아마 소수라 생각한다. 어쩌면 이 글은 없어져서는 안 될 우리 역사상 중요한 두 거리의 정체성이 무지와 탐욕으로 파괴될 운명에 대한 애도사가 될지도 모른다. 그리고 이 두 거리를 소중히 생각하는 사람들 앞에서 다시 볼 수 없음과 사랑스런 기억과의 이별에 대한 서글픈 감정을 표출한 마지막 항변이 될지도 모르겠다.

인사동이여! 황학동이여! 당신의 운명이 머지않아 끝나게 될 것이다. 설령 살아난다 해도 본질이 크게 손상될 것이다. 그렇기에 아름다운 이 거리가 세상에 있었다는 기억도 다음 세대에게는 아무런 감동과 기쁨을 전해주지 못할 수 있다. 솔직히 대안을 마련한다는 것은 너무 큰 멍에이기에 천근같은 조바심을 금할 길이 없다. 무자비한 민간의 재개발과 비정한 상업주의가 거리의 미소를 파헤쳐 조금씩 고통스럽게 할 날이 이제 멀지 않게 되었다. 올 11월 이후 황학동 삼일아파트(18동~24동) 철거와 주상복합건설에 의해 황학동 거리문화가 파괴돼 가슴 아파할 사람도 많을 것이다. 그러나 아이러니컬하게도 그대를 구해 줄 수 있는 사람은 주변에서 염려하는 사람들이 아니다. 그들은 멀리서 달관하듯 방관하는 사람들일 것이다.

이런 오늘의 슬픈 현실을 보며 후대 사가들은 무엇이라 평가하겠는가. 21세기 초반에도 여전히 무지와 부끄러움의 시대였다고…… 이 거리에서 스쳐간 인연과 사람들이라면 첫 사랑 같은 그리움과 아름다움을 부정할 이가 없다. 그러나 선뜻 이 거리를 살리자고 말하는 사람 역시 없다. 그 말을 하는 사람은 가진 자들의 미움과 질시를 받을 수도 있다는 것을 잘 알기 때문이다. 또한 당신을 사랑하는 사람은 이 시대에 힘없이 살아가는 보통사람들이기 때문이다. 어쩌면 우리는 21세기 새로운 문화적 암흑기를 서울이라는 IT 첨단도시에서 보내고 있는지도 모르겠다. 사람들은 틀림없이 그대를 사랑하고 있을 것이고 앞으로 세월이 흘러갈수록 그 추모의 마음도 더해 갈 것이라 확신한다.

TV와 매스컴은 연일 사람들의 사랑을 지상 최대 과제인 것처럼 노래하는데 왜 사람과 사람을 이어주는 문화와 거리에 대해서는 외면하는가. 이 거리에 얽힌 세월과 추억을 잊어버리고 새로움에 적응하기에는 우리 기억이 너무 소중하고 보석과도 같다. 또한 이 거리를 외면하고 돌아서기에는 그 동안 지킨 이들에 대한 죄책감이 여울처럼 솟구친다. 그러나 어쩔 도리가 없다. 전문가들이 말하기를 주저하고 있지 않은가.

행정과 정치가는 문화와 상징에 대해서 존경심을 가져야 한다. 또한 역사문화거리에 대해 자의적 해석과 판단에 기인한 개발을 선정이라 착각해서도 안 된다. 정치가의 문화 인식은 매우 중요한 준거(準據)이고, 한 시대의 가치와 양식을 규정하는 일이다. 얼마 전 아프가니스탄의 오래된 석불이 파괴됐을 때 세계는 얼마나 안타까워했나.

그러면서도 우리 내부의 귀중한 유·무형문화 파괴를 방치한다면 이 얼마나 어리석은 일인가. 이는 시민을 위해서도, 자라나는 다음 세대를 위해서도, 거리와 도시를 위해서도 무의미한 일이다. 거리에 흐르는 문화는 그 나라의 품격과 특성을 표현해야 한다. 어디에서나 똑같은 아이덴티티와 카피한 서양문화가 아닌 우리만의 독특한 문화를 볼 수 있는 마지막 명소가 파괴되는 것에 대해 우리는 진노해야 한다.

중세와 근대 그리고 현대를 상징하는 대표적 명소가 인

사동과 황학동이 아닌가. 특히 격동의 한 세기 동안 수많은 가치가 변절했어도 변하지 않은 것이 있다면 그것에 대해 존경을 표해야 하지 않는가. 우리는 지금 무엇을 하고 있는가. 단지 무지하다는 것을 세계만방에 자랑하는 것이 아닌가. 게다가 2002년 월드컵을 앞두고 불량건물을 정비하는 차원에서 삼일아파트를 철거한다는 소문은 더욱 어리둥절하게 만든다. 월드컵은 성공적 개최를 해야 한다. 그러나 월드컵이 우리의 소중한 문화와 가치보다 중요할 순 없다. 우리 얼의 위대함을 부정하고, 조화롭지 못한 서구적 거리로 대체할 날을 학수고대하고 있다면 문제는 심각하다. 만약 그렇다면 우리는 제정신이 아닌 것이다.

그 어떤 기술과 디자인도 기존 인사동의 역사성과 전통미 그리고 거리의 매력을 증대시킬 순 없었다는 것이 인사동 사례에서 얻은 교훈이다. 그런 우리가 1년도 지나지 않아 아무런 대책 없이 황학동을 손대려 한다. 어떻게 우리가 황학동보다 서민문화를 잘 표현하고 이 땅의 민초의 감정과 아픔을 대변하는 호혜문화를 마련할 수 있단 말인가. 36층의 위압적인 주상복합건물들과 현재 황학동 그 어느 쪽이 훌륭한가를 판단하는 데는 한순간도 걸리지 않을 것이다. 그런데도 지금 있을 수 없는 일이 순리처럼 시행되려 한다.

인사동이여! 황학동이여! 서구의 전통거리들처럼 경관과

거리미를 자랑하며 만수무강했어야 할 당신의 심장이 곧 멈추려 한다. 타오르는 배신감과 분노로 이 땅 현실이 저주스러울 것이다. 그러나 세상이 끝나는 양 슬퍼하지는 말라. 이 땅의 논리는 오로지 돈 되는 것에 집중되어 있지 않은가. 국도극장과 화신백화점도 필동과 북촌에 산재한 수많은 고건축 유산도 그대보다 앞서 사라지지 않았던가. 먼저 사라진 건물군에 대해서는 무감각했으나 이제는 그대의 죽음을 애도하는 시대가 되었음을 기뻐하며 영면하시라.

정녕! 눈감기가 서럽고 회한에 복받친다면 행복했던 오래전 그 날들을 생각하시라.

그리고 영혼 깊이 새겨질 아름다움과 배려의 문화가 이 땅에 올 수 있도록 기원해 주시게.

(2001.10.31) 이후 6년 만에 황학동의 추억은 사라졌다.

18. 겨울 농촌체험의 제언

어제는 단양에서 1박 2일 교육이 있었다. 교육을 끝내고 홍천 내삼포리로 가는데 눈이 너무 많이 와 대형 탱크로리가 눈길을 올라가지 못하고 언덕 중간에 멈춰 가쁜 숨을 몰아쉬고 있었다. 뒤를 엉금엉금 따르던 승용차들도 연신 차를 돌려 다른 길로 우회한다.

한편 마을에서는 어린이들이 신이 나서 눈사람을 만들고 눈싸움을 한다. 어린이들은 내리는 눈송이보다도 더 많이 즐거움을 만들어 낸다.

겨울철 많은 농가들이 옛날처럼 아무것도 안하고 소일하는 농가들이 아직도 있는 것 같다. 변화하지 않으면 앞으로 먹고 살기 더욱 어렵다.

올겨울에 우리 35,900개 전국 리에서 해야 할 일 5가지를 제안한다.

1. 유명 선진지 견학을 가보길 권한다.

유명하다고 하는 곳은 나름대로 이유가 있다. 그 이유를 현장에 가서 느껴보길 권한다.

2. 겨울철 체험 프로그램이 좋은 마을에 가보길 권한다.

평창 횡계리는 대관령 중앙에 위치한 마을이다. 눈으로 마을 전체를 꾸몄다. 눈으로 썰매장도 만들고 스케이트장도 만들고 동남아 외국인 체험도 시키고 하는 곳이다. 이 마을의 겨울 호당 소득이 500만원이 넘는다. 주민들이 출자해서 겨울에 돈을 벌고 있다.

3. 겨울철 농업소득원을 개발하는 곳에 가보길 권한다.

겨울에 일하고 않고는 천지차이다. 농촌은 여름이나 가을은 도시와 비교해도 살기가 괜찮다. 하지만 겨울이 문제다. 도시는 겨울에도 소득이 있지만 농촌은 소득이 없다. 못 벌고, 돈 쓰고 따따블로 손해다.

예를 들어 부여군 은산면 거전리는 원추리농사를 짓고 있다. 원추리는 봄나물 중 유일하게 달달한 것이다. 어린이들이 좋아한다. 식욕을 높인다.

원추리 농사로 호당 200~500만원, 평균 평당 7,000원의 소득을 올린다. 이런 경험을 하는 것은 매우 유익하다.

4. 신문 스크랩을 하고 자체 평가회를 한다.

인터넷에 들어가면 그린투어로 성공하는 마을들이 매우 많이 소개되고 있다. 또 성공하는 사람들도 마찬가지다. 이

사례를 수집하고 홈페이지에 들어가 자료를 찾아보고 성공
요인, 가능요인, 우리 마을에 적용요인 등 돈 안들이고 할
수 있는 사항에 대해 알아보자. 이것은 힘이 될 수 있다.

5. 우리 마을에 지원 가능한 정부 정책에 대해 신경 쓰자.

정부는 2008년에도 계속 농촌 성공요인을 발굴, 개척하
려 한다. 정부정책은 농림부 홈페이지 '농림사업지침서'를
적극 활용해 우리 마을에 지원 가능한 사업을 찾아 2월까
지 시·군 담당에게 신청하자. 매년 한차례씩만 있어서 지
금하지 않으면 1년을 기다려야 한다.

이상의 5가지 사항에 신경을 쓴다면 여러분의 마을은 좀
더 발전하는 마을로 변화할 수 있다.(2008. 1. 12.)

19. 그린투어가 뭐야

　　그린투어리즘이란, 풍부한 자연과 풍족한 농·산·어촌 지역에서 즐기는 여유 있는 휴가를 말한다. 각박하고 온기 없는 지금 가족끼리, 친구끼리, 그린투어리즘에 활동에 나가 보는 것은 어떨까. '그린투어리즘'은 무엇인가.

　　그린투어리즘은 '농·산·어촌 지역에서 즐기는 휴가'를 말한다. 또 그린투어리즘은 줄여서 그린투어라고도 한다. 가장 쉬운 표현으로 그린투어란 농·산·어촌에서의 여유 있는 휴가를 보내는 형태이다. 농촌휴가는 독일에서 적극적으로 활성화되어 전 세계에 퍼지고 있다. 독일의 경우 여름 휴가를 최소 2주일 정도 농가에서 보내고 있다. 우리와 사뭇 다르다. 우리나라에 그린투어가 처음 소개된 것은 1995년 7월 환경과 조경에 필자가 그린투어에 대한 논설을 썼다. 유럽에서 보급한 여가의 스타일로 장기 바캉스를 즐기는 것을 어떻게 도입할까에 대한 내용이었다.

하지만 이런 현상은 유럽뿐만 아니라 국내에서도 자생적으로 있어 왔다. 1993년에 농촌관광학회가 설립되었고 1980년대부터 민박과 관광농원을 전문으로 하는 사람들이 모여 관광농원협회를 설립해 운영해 오고 있었다.

'농·산·어촌에 느긋하게 체재하면서 농림·어업의 체험이나, 그 지역의 자연·문화에 접하면서 어메니티도 느끼면서 현지 사람들과 교류를 즐기는 여가 활동'은 이제 유행이 되어 전국 1,000여 곳에서 성황하고 있다. 불과 십수 년만에 대단한 흐름을 타고 있다. 우리나라나 일본의 정부에서도 그린투어의 보급, 추진에 적극적으로 활동하고 있다.

그렇다면 유럽의 많은 사람들이 그린투어리즘을 선택하는 이유는 무엇일까. '긴 휴가'를 '큰 경비를 들이지 않고 충실한 시간·생활을 보낼 수 있다.'라고 하는 실질적인 매력이 있기 때문이다. 최근 슬로우 후드나 슬로우 라이프라고 하는 여유 있는 생활에 주목하고 있다. 또 자연과의 관계에서 심신의 리프레시(refresh)를 요구하는 사람도 증가하고 있다.

풍족한 자연 환경과 사계의 변천에 의해서, 그 토지 특유의 농림·어업, 전통, 생활, 문화, 인재 등이 길러져 왔다. 전국 각지의 다양한 풍토, 그리고 순의 매력은 도시에서 생활하는 사람들에게 있어서는 평소 접할 수 없는 가치 있는 재산이다.

농·산·어촌에는 '음식의 생산 공간'과 '마을의 풍토에 기인한 생활공간'이라고 하는 2개의 얼굴이 있다. 그린투어에서는 이것들을 살려 즐길 수 있는 '음식의 프로그램' 즉 식품 재료나 특산품과 향토 요리를 맛보고 배울 수 있다. 이것은 안전한 먹을거리와 원래 먹을거리를 익히는 지혜를 배울 수 있다.

또 체험 프로그램인 산채 채취, 모내기, 송어체험 등 다양한 체험이 있다. 또 자신의 라이프스타일이나 기호에 따라 다양하게 즐기는 방법이 생기는 일도 그린투어의 특징이다. 여러분도 그린투어리즘에 푹 빠져 보시면 어떨까?

농민과 도시민이 서로 상호 공생하는 방법 그것이 도·농 교류이고 그린투어이다. 단절에서 소통으로 이어주는 징검다리 그것이 그린투어이다.

20. 녹색성장의 다면적인 기능 평가 개설

1) 농업·삼림의 다면적 기능론의 배경

산업화 시대 이후 인류는 선진국을 중심으로 고도성장과 국제화에 의해서 물적인 풍부함을 획득했다. 그러나 한편으로 환경 문제를 쏟아냈다. 인간적인 삶을 약속하는 "진정한 풍부함이란 무엇인가."라는 점에서 많은 의문이 나오고 있다.

또 농업적인 측면에서는 탁월한 자연조건을 타고난 미국의 대규모 농업이 EU제국 등의 중규모 농업을 위협하고 있다. 이러한 시점에서 한국이나 일본과 같은 소규모 가족 농업은 거의 살아남기 힘든 것이 현실이다. 과연 우리 농업, 농촌, 농민의 미래는 무엇인지, 어떻게 미래를 구상해야 하는지 정말 어려운 과제다.

우리나라는 식량자급률 26%로 매우 열악하다. 대부분의 선진국은 100%를 달성해 있고 일본마저도 37%라고 한다. 일본과 비슷하다고 생각하는 것도 착각이다. 일본은 방콕의 아시아 곡물시장을 장악하고 있으며 불의의 기상이변이나 식량위기가 도래해도 살아나갈 수 있는 준비가 돼 있다.

우리나라의 목재 자급률은 10% 미만으로 전량 외국에서 수입해 오는 실정이다. 농토는 버블로 가격만 높고, 생산성은 떨어지고, 농민은 고령화되고, 국민들의 식품안전은 점점 열악해 지고 있는 것이 오늘날 우리나라의 슬픈 현실이다.

2) 시장의 실패로서의 다면적 기능 문제

최근 EU는 세계무역의 확대가 권역의 환경보전 및 지역사회의 활력을 유지할 수 있는가를 중시하고 있다. 즉 농업·삼림을 통한 공공재의 제공과 기능을 해치지 않기 위한 정책을 중시하고 있다. 농림업 생산이나 삼림관리 활동에 연관되어 있는 이른바 다면적 기능, 즉 국토·환경보전, 평온한 공간의 제공, 식량안정과 보장을 주목하고 있다.

농·산촌 활성화를 하기 위한 방향으로 권역의 정책목표가 집중되고 있다. 이것은 우리나라와 비교해볼 때 시사점이 크다. 왜냐하면 우리나라는 아직도 농업생산에 많은 부분이 집중되어 있다. 하지만 이 부분은 앞으로도 풀기 어려

운 과제이다. 우리도 빠른 시일 안에 정책방향을 변경해야
할 것이다.

이러한 측면에서 본다면 소규모 농업을 하는 우리나라나
일본의 경우 EU보다도 더욱 농업의 소중함을 중시해야 하
겠지만 지금의 농정은 애써 이점을 외면하려는 느낌이어서
가슴이 아프다.

3) 다면적 기능과 농·산촌의 지역적 특성

우리나라는 고온 다습의 아시아·몬순권에 속해 있다.
많은 마을이 벼농사의 적지로서 오랜 시절 논농사를 지어
왔다. 또 우리나라는 중앙에 백두대간이 있다. 그 동서로
급경사와 하천주변에 평야를 잇는 공간구조를 가지고 있다.
대부분의 하천의 상류는 급류로 물 흐름이 빠르고 하류는
하상계수가 높아 큰 비를 수반하는 태풍이 내습하면 매번
위험한 구조이다. 매년 상류에는 댐 수문을 개방해야 한다
고 주장하고 하류에는 개방하면 안 된다는 목소리가 높다.
때문에 삼한시대 이래 치수는 국가에 가장 중요한 정책이
되기도 했다.

이러한 조건의 장소에서는 모든 주민이 일치단결하고 협
동해 적절한 자연 관리를 하지 않으면 생산이란 없다. 또

생명을 유지하기 위해서 생산·생활·자연환경이 유기적으로 일체화한 지연과 혈연사회가 형성되었다.

동시에 하류지역을 의식한 삼림이나 향토자원관리, 전답이나 물의 관리를 유의해야 했었다. 거기에는 유역권 사상이라고도 말해야 할 정도로 지역의 문화와 전통이 내재되어 있었다.

1960년대 이후는 공업화·도시화에 의해서 유역 사회경제권은 별 의미가 없어졌다. 수도권으로 전 인구의 49%가 집중해 있으며 대기업이나 대학 등 국가의 중추기능이 몰려 있다. 이러한 집중은 선택과 집중이라는 효율적 측면에서는 의미가 있다. 하지만 국토의 균형개발이나 국가의 위기관리 측면에서는 문제가 있는 구조이기도 하다.

이러한 문제점을 해결하기 위해서는 도시와 농촌의 교류와 결합을 적극적으로 유도해야 한다. 수도권과 농·산·어촌이 연계되어야 한다. 거기에 농림업·삼림의 다면적 기능, 환경 문제, 인간적인 생활의 본연의 자세도 포함되어야 하겠다.

4) 지역 시점에서 본 각국의 다면적 기능론

국가적 관점에서 보았을 때 농·산·어촌의 다면적 기능

에 대한 이해는 국가와 지역에 따라서 다르다.

미국, 캐나다, 오스트레일리아 등은 평균 200㏊을 넘는 풍족한 농업경영 규모를 가진다. 이들 국가는 당초부터 농업을 수출 산업으로 육성한 대규모 농업 국가이다. 이들 나라에서는 다면적 기능에 대해 "그 개념은 아직도 불명확하며 보호주의 사상을 표방해 자유 무역을 왜곡하는 것이다." 라고 주장하고 있다.

그러나 대규모 농업에서는 우리나라와 같은 30~50호의 취락은 없고, 농가와는 1~1.5㎞ 떨어져 점재하고 있다. 또 숲이나 도시도 멀고, 다면적 기능은 별로 주목받지 않는다.

EU국가는 강수에 의존해 밭을 경작하는 형태를 가지고 있다. 주로 평균 경영규모 30~40㏊ 정도의 중규모 농업이다. 우리나라와 비교해 지연성은 약하며, 농촌 취락이 점재해 도시와 결합되고 있다. 국가별로 본다면 식량자급률 70% 이상이 상식으로 되어 있다. 프랑스 등은 다면적 기능의 평가보다는 오히려 그 발현의 기반인 농림업·삼림을 지탱하는 농·산촌 지역의 진흥에 얼마나 지원이 필요할 것인가의 관심이 많다.

국제 관계에 대해서는 자연 조건의 차이, 농업 경영 규모의 차이, 중심이 되는 작물 등이 서로 다르다. 지역사회의 본연의 자세나 도시와의 관계나 차이 등이 자주 경시된다. 그 때에는 각국 농업의 발전 여부가 경제 효율성이라고 하는 생산 기능의 측면에 의해 결정된다. 즉 내외 가격 차이만을 직접적 지표로서 결정지을 수 있어 다면적 기능의 상실을 시작해 다른 여러 가지 문제가 발생한다.

5) 농업의 다면적 기능의 평가

농업·농촌의 다면적 기능에 있어서는 '농업이 물질 순환계를 형성하고 있다.'는 것에 따라 발현하는 기능에 관해서는 그 대부분이 물리적 혹은 화학적인 메커니즘의 해명이 가능하다.

그렇지만 농업이 이차적인 자연을 형성·유지하고 있는 경우와 같이 생물 다양성이나 토지 공간의 보전과 관계되는 기능에 관해서는 아직도 발생하는 과정의 메커니즘의 해설에 있어 정량적인 평가법이 정해지지 않는 기능이 많다.

더구나 지역사회의 생활 혹은 문화 등과의 관계에 대해서는 관여의 동태는 인지되지만, 그 메커니즘의 설명이나 수량적 평가는 직접적으로 규명하기가 어렵다.

향후 농업·농촌 정책의 입안, 그것도 국제적인 합의를 필요로 하는 예를 들면 FTA나 WTO 경우에 있어서는 경제 평가법이 확립되지 않으면 안 되는 것이라고 생각할 수 있어 그 정치화가 매우 중요한 과제이다.

6) 무역·환경 문제와 농업·삼림

근대적인 농림업 생산 활동은 환경을 오염·파괴하고 있는 면이 있다. 그러나 나라에 따라서 다소간의 차이가 있다. 인류가 직면하는 공통의 문제인 환경 파괴에 대해서 대응강도의 차이가 있다는 것이다.

자원이 절대적으로 부족한 나라의 경우 대부분의 자원을 수입에 의존한다. 다른 나라의 삼림 벌채에 의지하면서도 스스로 식량자급이 어려워 자구 기반을 잃어버린 대표적인 나라가 우리나라이다. 무려 일본보다도 11%가 식량자급률이 낮다. 또 많은 농약사용으로 인해 물질 순환 특히 질소·인의 순환을 교란해 각종 문제를 불러일으킨다. 결과적으로 국가의 다원적 기능을 잃어버리고 한편으로 기술집약형 수출국가로 변모하는 과정에서 도시환경을 파괴한다. 이것이 오늘날의 한국과 일본의 환경모형이다.

효율적인 농림업 생산, 지속적 농업과 삼림 관리를 위한 기술의 개발, 순환형 사회의 구축, 최적주거지의 형성 등은 인간 거주단위에 기본이 되어야 한다. 또 조화롭고 통합적으로 실현되어 가는 것이 중요하다. 그러한 지역이나 나라가 바람직한 방향으로 정리된 후에 지구 환경의 보전과 인류의 안녕도 전망된다.

이것들과 관련된 농업·삼림의 다면적 기능의 문제를 생각했을 때, 세계 농림업·삼림의 적정한 배치의 구상과 새로운 무역정책의 확립이 바람직하다. 또 그때 우리의 깊은 통찰력과 상호 이해가 필요하고, 새로운 자연관의 형성, 환경 윤리, 음식의 윤리 등도 구할 수 있게 된다.

이제 과학도 인류의 양심에 공헌할 영역에 관심을 갖고 헌신할 필요가 있다.(2008. 2. 19)

제2부

전성군의 알 ～ 러뷰 (農)세상

21. 농촌 이주여성에게도 '멘토링'을

　최근 멘토링(mentoring - 후견인제도)에 대한 관심이 높아지면서 사이버 멘토링이라는 새로운 시스템까지 등장하고 있다. 멘토링은 본래 호머의 일리아드에 나오는 용어로 그리스의 오디세우스가 트로이전쟁에 출정할 당시 아들 텔레마코스를 멘토(Mentor)라는 이름의 친구에게 맡긴 데 유래한다.

　멘토는 오디세우스가 자리를 비운 10년 동안 텔레마코스를 성실하게 지도해 그를 훌륭한 후계자로 만든다. 이 같은 유래에 따라 사심을 버리고 영적 자녀를 위해 헌신적인 양육과 교육을 실시한 사람을 멘토, 제자를 멘티(Mentee)라고 부른다.

　한마디로 '멘토'란 업무를 수행하고 일상생활을 하는 과정에서 지원하고 지도해 주는 사람을 말하며 그 역할을 이행하는 기능을 '멘토링'이라고 한다. 이는 선배(Mentor)가 가진 풍부한 경험과 전문지식을 후배(Mentee)에게 나누어주고 각종 애로사항까지 조언하면서 사회적 유대관계를 넓혀 나가는 일종의 도제식 교육이다. 요즘엔 포괄적 의미에서의 멘토는 멘티를 이끌어주고 조언해 주고 지혜와 힘을 주는 것들, 우리의 삶을 올바른 방향으로 인도해 주는 이정표 같은 모든 것들을 포함하고 있다.

1) 낯선 땅에 온 그들, 정신적 후견인이 필요하다

이런 '멘토링'은 정(情)이 크게 좌우하므로 우리나라 정서에 가깝다. 그래서 멘토링 자체 범위도 커지면서, 멘토가 또 다른 사회공헌 활동으로 자리잡아가고 있다. 기업 내부 신입직원들이 회사에 잘 적응하도록 돕는 '선·후배 간 직무 멘토링', '경력개발 멘토링', '핵심인재 멘토링', '후계자 멘토링'을 비롯해 교육부와 대학 간 체결한 '대학생 멘토링 사업' 협약에 이르기까지 다양하다.

특히 요즘엔 회사 내 여성인력의 포지션을 키우기 위한 방법으로서 1:1 멘토링이 크게 증가하고 있다. 이런 멘토링을 농촌 이주여성에도 활용하면 어떨까? 최근 우리 농촌 남성들과 결혼하는 외국여성들이 많아지면서 언어와 문화적 차이를 극복하지 못한 채 고통을 받고 있는 농촌 외국 여성들이 늘고 있다.

매년 증가하고 있는 농촌 총각과 외국여성의 결혼. 2005년 12월 말 기준으로 농촌지역 국제결혼가정은 모두 1만 4천 명으로 추정되며, 지난해 통계청 발표에 따르면 농림어업에 종사하는 남성의 결혼 8,027건 중 외국여성과 결혼한 건수는 2,885건. 결혼한 농촌 남성 3명 중 1명이 외국 여성과 결혼한 셈이다. 이러한 현상은 도시지역에 비해 더욱 급속한 고령화 증가와 출산율의 감소로 어려움을 겪고 있는 우리 농촌의 현실에 비춰 앞으로 이들이 우리 농업과 농촌에서 차지할 역할이 매우 커질 것으로 예상된다.

그러나 이들은 의사소통 벽과 문화의 차이로 인해 고통을 겪고 있음은 물론, 사실 길도 잘 모르고, 가출 등 여러 가지 이유로 문밖 외출도 자유롭지 못한 상황이다.

지금까지 일부 지방자치단체나 민간기관에서 한국어 교육 등을 간간히 실시해 왔을 뿐, 이들의 멘토역할을 해 주는 교육 도우미는 턱없이 부족하다. 현재 농촌여성결혼이민자에게 한국어 교육을 지원하고, 생활 상담을 담당하는 '방문교육 도우미제도'를 이용하는 농촌여성결혼이민자는 890명에 불과하다. 이 중 베트남 국적을 가진 사람이 절반 이상이고 나머지 나라는 극소수다.

2) 멘토 양성도 좋지만 제도 접근성 높이는 방안도
   고민해야

멘토링의 개념은 참 좋지만, 문제는 어디서 멘토를 구할 것인가 하는 점이다. 주변 사람들 가운데 멘토를 구할 수 있다면 다행이겠지만, 대부분은 그러기가 쉽지 않다. 따라서 관계 부처나 지자체에서는 이들이 우리나라의 농촌생활에 잘 적응하고, 행복한 가정생활을 영위하는 데 도움이 되는 다양한 사업들을 발굴, 시행해야 한다.

이를테면 대학, 복지기관, 지자체 등은 이들을 위한 멘토링 프로그램 운영을 확대하고, 농촌여성결혼이민자를 위한 멘토링 전문 인터넷 사이트 (사이버 멘토링) 개설을 적극 추진하여, 한국어 교육은 물론, 상담, 요리강사, 육아법, 병원 안내 등 생활 해결사 노릇을 해 줄 수 있는 제도마련이 요구된다.

현재 농·어촌 총각 3명 중 1명이 외국인 여성과 결혼하고 있을 정도로 결혼이민자 가정이 늘고 있다.

또 근처 사회복지 단체나, 종교 단체 등에서는 '패밀

리 멘토 스쿨'을 개설하여 행복한 가정을 가꾸도록 안내하고 이들이 낯선 한국 땅에 하루속히 정착하여, 제2의 고향이 된 한국의 전통문화를 이어갈 수 있도록 동반자 역할을 해야 한다.

이국땅은 누구에게나 처음은 낯설고 어렵다. 어렵게 한국행을 결정한 외국농촌여성들은 한국 동경에 대한 기쁨도 잠시뿐, 처음 밟은 농촌생활 속에서 언어와 문화적 차이로 인해 다시 본국으로 돌아가려고 생각하기도 한다. 그러나 이러한 일상생활의 어려움을 함께 해결하고 풀어줄 든든한 멘토가 옆에 있다면 어떨까.

22. 우리지역 살리는 파워 브랜드 만들기

WTO의 도하아젠다 협상, 한·칠레 FTA와 한미 FTA에 이은 EU와 FTA 협상 등 농업개방의 추세는 한국의 농업에 위기감을 고조시키고 있다. 이와 관련해서 농산물의 품질향상을 통한 고부가가치 전략은 우리나라 농정과제 중의 하나다.

이 같은 정책방향에 부합된 제도로, 현재 우리나라에는 지리적 표시제, 우수농산물관리(GAP), 친환경농산물인증, 전통식품명인, 전통식품품질인증, 가공식품 KS인증, 위해요소 중점관리(HACCP) 등과 같은 농·식품(농산물 및 식료품) 인증제도를 실시하고 있다.

위의 인증제도 가운데 지리적 표시제를 제외한 나머지 인증제도는 농·식품에 대한 후천적 인적노력을 평가하고 이를 정부차원에서 인증해 주는 제도이다. 하지만 지리적표시제란 농·특산물이 특정지역의 기후와 풍토 등 지리적 요인과 밀접한 관련이 있을 경우, 지명과 상품을 연계시켜 등록한 뒤 이에 대한 지적재산권을 인정하고 보호하는 제도로, 정부차원의 농정방향과 가장 잘 부합된 제도이다.

1) 지명 - 상품 연계 등록하는 정부 농·식품 인증제

지리적 표시제로 등록된 강화약쑥

따라서 여러 제도 가운데 지리적 표시제는 특정 농·식품이 생산된 지리적 공간과 밀접한 연계를 가짐으로 해당

농·식품의 부가가치 제고는 해당 지역의 개발 혹은 발전과 밀접한 연계를 지니고 있다.

우리나라에서는 1999년에 농산물품질관리법에 시행 근거 규정을 마련했다. 2002년에 보성 녹차가 국내 지리적 표시 제1호로 국립농산물품질관리원에 등록된 이래로 현재는 38개 농·식품(농축산물 27개, 임산물 11개)이 지리적 표시 등록품으로 되어 있다.

연도별로는 2002년 보성 녹차, 2003년 하동 녹차, 2004년 고창 복분자주, 2005년 서산 마늘, 영양 고춧가루, 의성 마늘, 괴산 고추, 순창 전통고추장, 괴산 고춧가루, 성주 참외, 해남 겨울배추, 이천 쌀, 철원 쌀, 2006년 고흥 유자, 홍천 찰옥수수, 강화 약쑥, 횡성 한우고기, 제주 돼지고기, 고려홍삼, 고려백삼, 고려태백삼, 안동 포, 충주 사과, 밀양 얼음골사과, 한산모시, 양양 송이, 장흥 표고버섯, 산청 곶감, 정안 밤, 울릉도 삼나물, 울릉도 미역취, 울릉도 참고비, 울릉도 부지갱이, 2007년 진도 홍주, 정선 황기, 경산 대추, 봉화 송이, 청양 구기자 등이다.

일단 지리적 표시제 품목으로 등록이 되면 그 명성을 더욱 높일 수 있고, 인증품목의 명칭들이 여기저기서 도용되는 것을 방지함은 물론 둔갑되어 판매되는 것을 막을 수 있다. 또한 우리나라는 WTO 무역 관련 지적재산권 협정(TRIPS)에 가입하고 있기 때문에 국제적으로도 이런 사항을 보호받을 수 있다.

한편 지리적 표시와 유사개념으로 통용되고 있는 원산지 표시나 품질인증과는 구분이 된다. 원산지 표시제가 단순히 그 상품이 어디에서 생산되었는지 소비자들이 알 수 있도록 의무적으로 표시하도록 하는 제도인 반면에 지리적 표시제는 원산지와 함께 품질의 우수성까지 보증하는 제도이다.

즉 원산지 표시는 국명 또는 행정구역명을 표시하나, 지리적 표시는 국명 또는 행정구역명에 관계없이 지리적 요인에 의해 지역을 구획하고 있다. 또 원산지 표시는 품질, 명성 및 지리적 요인과의 관련성과 관계가 없으나, 지리적 표시는 품질의 우수성, 품질과 지리적 요인과의 관계를 중요시한다.

아울러 품질인증은 상품의 특성이 특정지역의 지리적 특성에 기인할 것을 요구하지 않으나, 지리적 표시는 이를 핵심요소로 한다. 품질인증은 일정기간 동안 인증하고 갱신해야 하나, 지리적 표시는 취소사유에 해당되지 않는 한 영구적으로 유효하다. 품질인증은 신청자격에 제한이 없으나 지리적 표시는 원칙적으로 특정품목에 대한 특정지역의 단체에 국한된다.

2) 부가가치를 높이고 시장차별화해 지역경제 효자노릇

문제는 많은 국가들의 지리적 표시제 시행 형태가 약간씩 다르다는 점이다. 이는 국가마다 자국의 역사적 음식문화보호, 또는 그를 통한 민족적 혹은 국가적 정체성 보호수단이라는 관념까지 적용되어 현재 WTO의 다자간 무역협상, 국가 간 자유무역협정(FTA) 등에서 국제 통상문제로 대두되고 있다.

우리나라도 지리적 표시제를 이원화 체제로 시행하고 있는데, 현재 농산물품질관리법에 의한 지리적 표시는 국립농산물품질관리원에서 담당하고 있고, 상표법에 의한 지리적 표시 단체표장은 특허청에서 담당하고 있다.

기본적으로는 같은 제도이지만, 농림부(농산물품질관리법)의 지리적 표시제가 품질관리 중점이라면, 특허청(상표법)의 지리적 표시 단체표장제는 명칭보호를 강조한다는 점에서 차이가 있다.

농산물에 대해 지리적 표시를 실시함으로써, 시장차별화를 통한 농산물 및 가공품의 부가가치 향상 및 지역경제 발전을 꾀할 수 있고, 생산자단체가 품질향상에 노력함으로써 농산물의 품질향상을 촉진하며, 생산자와 단체 간의 상호 협조체제가 원만히 구축될 경우 생산품목의 전문화와 농산물 수입개방에 효율적으로 대처할 수 있다.

　게다가 소비자 입장에서는 지리적 표시제에 의해 보호됨으로써 믿을 수 있는 상품 구입과 더불어 정부의 입장에서는 지역의 문화유산의 보존 등의 효과를 얻을 수 있으며, 따라서 장기적으로 지역특산물을 육성하는 효과적인 방안이 될 수 있다.

　다만 우리나라가 EU와 FTA 협상을 진행하는 과정에서, 현재 지리적 표시제가 가장 발달된 지역이 유럽이기 때문에 국가 간 지리적 표시제 인정 문제가 가장 중요한 이슈 가운데 하나가 될 공산이 크다. 앞으로 이에 대한 대비책이 필요한 시점이다.

23. 성공하는 농업인들의 7가지 습관

산머루 농원 풍경

　성공하는 사람들의 7가지 습관은 성공하는 조직을 만들어낸다. 성공하는 농업인들도 마찬가지다. '농업도 이제 변해야 산다.'라는 말은 많이 듣지만, 그 누구도 '어떻게(How to)'에 대해서는 그다지 명쾌한 방안을 제시하지 못하고 있다. 지금 우리 농촌사회에 정말 필요한 메시지는 성공하는 농업인들의 내면 안에 숨어있는 7가지 습관을 살펴보는 일이다.

부지런함이 으뜸의 덕목이었던 '성실농업의 시대'는 지나가고 자신만의 아이디어를 함께 농업에 접목시키는 창조농업이 오늘날 성공농업의 덕목으로 급부상하고 있다. 주변에서 농업경영으로 성공을 거둔 사람들의 습관을 살펴보자. 거기에서 성공의 해답을 찾을 수 있으며, 실패를 하더라도 또 하나의 큰 실패를 막는 예방주사가 될 수 있을 것이다.

1) 기본적으로 동화만사성(洞(마을)和萬事成)을 생각한다.

즉 조직원 간에 화목해야 마을 일도 잘된다는 얘기다. 충남 보령시 청라면 장현리에서 10대째 농사를 짓고 있는 김민구(32) 씨는 나 홀로 성공보다는 마을 농가 전체가 성공해야만 장기적으로 비전이 있다고 생각하는 사람이다. 마을 주민들에게 팜 스테이를 같이 하자고 설득을 하기도 하지만 당장에 돈이 들기 때문에 망설이는 주민들을 안타깝게 생각하며, "곧 함께 할 수 있을 것"이라고 자신 있게 말한다.

"앞으로 정부 지원이 따라 주고, 제가 이끌어 나간다면 가능 할 거예요. 마을 전체가 팜 스테이를 하게 되면 점심은 밥을 맛있게 하는 농가에 가서 먹고 오후에는 오리농법으로 농사짓는 논에 가서 체험하고 이런 식으로 마을 전체를 도는 거죠."

근래 친환경농법이 널리 보급이 된 것은 다행이지만 유기농 쌀이 포화 상태가 되고 소비자들은 신뢰도를 의심하는 지경이 되어 제값을 받지 못한다. 이를 해결하는 방안도 민구 씨는 팜 스테이라고 생각한다. 도시민들이 체험 프로그램을 통해서 어떻게 친환경 쌀을 만드는지 직접 보면 신뢰도가 생길 것이고 그 자리에서 구입을 하면 직거래가 된다. 이렇게 되면 도시 사람들은 안전한 먹을거리를 먹어 좋고, 농촌은 수입을 올려서 좋아 일석이조가 아닐 수 없다.

또 한 가지 민구 씨가 생각하고 있는 사업은 '도·농 간 문화센터' 이다. 폐교된 초등학교를 임대해 환경농법 연구, 농업 체험을 통한 생태교육, 문학인과의 만남, 농업과 철학 강의 등 프로그램을 마련해서 도시민을 불러들이고, 마을주민도 다양한 교육을 받을 수 있는 기회를 만들어 볼 작정이다.

2) 농업에 반드시 색(色)을 입히고, 엔터테인먼트를 결합시킨다.

그래야만 농산물도 제값을 받는다는 얘기다. 경기도 화

성시 봉담읍의 김민중(32세) 씨는 원래 연예인을 꿈꾸었던 까닭에 농사와는 거리가 먼 집안이었고, 쌀이 나무에서 나는 줄 아는 도회지의 꼬마였다. 하지만 지금은 '상추 오빠', '다솜추 전문가'로 통하고 있다.

젊은 농사꾼이 색다른 상추를 재배하는 것도 이야깃거리지만, 재배 방법도 독특하기 짝이 없다. 독특한 재배방법이란 상추에게 힙합을 들려주는 것이다. 젖소에게 클래식 음악을 들려주는 경우는 있어도, 상추에게 힙합을? 정말 상추에게 힙합을 들려주면 잘 클까? 과학적 근거는 그다지 중요하지 않다. 힙합을 좋아하는 민중 씨가 힙합을 틀어놓고 즐겁게 일하면 상추도 예쁘고 크게 쑥쑥 자라는 것이다.

민중 씨가 연예인이 되고 싶어 했던 것도 많은 사람들에게 사랑받고 싶었기 때문이었을 것이다. 민중 씨는 농사를 지어 정말 원하는 것을 이루게 됐다. 현재 민중 씨가 구상 중인 것은 농업과 엔터테인먼트의 결합이다. 아직은 막연하지만 한 가지 예를 들자면 상추를 위한 방송이다.

비닐하우스 안에 DJ 박스를 차려 놓고 상추가 좋아할 만한 음악을 틀고 상추에게 이야기를 들려주는 방송을 인터넷으로 중계를 하겠다는 것이다. 먹을거리를 생산하는 농민이 국민에게 즐거움을 선사하는 것. 다시 말해 농업과 엔터테이너의 결합, 이것이야말로 관광농업의 본질이라는 생각을 민중 씨는 고수하고 있다.

3) 역시 긍정적인 열린 사고를 근본으로 한다.

경북 예천에서 일본으로 꽃을 수출하는 박세우(30) 씨는 성공담만큼이나 실패담도 많다. 처음 남천을 시작할 때 중국에서 씨를 수입했다. 육모를 하는 동안 씨가 썩어 버렸다. 씨가 얼어 있었던 것이 문제였다. 씨를 수입한 업체에 문제 제기를 하자 업체에서는 잘못을 인정하고 이태리산 남천 씨를 구해 주어 겨우 성공할 수 있었다.

제주도와 경남에서만 자랄 수 있는 꽝꽝나무를 들여와 실패, 또 피라칸사도 망쳤다. 종자를 가져오는 시기가 부적절했다. 봄에 가져 와야 되는데 가을에 가져와서 심은 데다 가식을 해 놓은 상태에서 물 관리까지 잘못해 망쳐버렸다.

이처럼 생명이 있는 것은 복잡하다. 때문에 세우 씨는 실패를 했다고 해서 좀처럼 낙담하지 않는다. 어떤 일을 하던 긍정적인 열린 사고가 필요하지 않은 사업은 없다. 특히 농업의 경우 열린 사고는 가장 기본적인 성공의 덕목이라고 할 수 있겠다.

4) 항상 고객의 편에서 생각하고 판단한다.

강남에서 전북 진안으로 귀농하여 '무릉원' 농장을 운영하고 있는 박용 씨와 부모님은 손님맞이의 세 가지 원칙을 정해 놓고 있다.

첫째, 손님이 들어오고 나가실 때 주차장까지 나간다. 둘째, 손님의 차가 마을을 빠져 나갈 때까지 주차장에 서 있는 다. 손님들 대부분이 마을 어귀를 빠져 나갈 때면 고개를 돌려 자신들이 묵었던 무릉원을 바라본다. 이때 손을 흔들어 인사하기 위해서다. 손님이 갔다고 주인이 얼른 돌아서서는 감동을 줄 수 없다는 것이다. 셋째, 먼저 온 손님에게 최선을 다한다.

무릉원이 운영하는 식당 '미학'은 여러 팀의 손님을 한꺼번에 받지 않는다. 한 번에 한 팀만. 예를 들어 점심시간에 4명이 한 팀이 되어 예약을 한 뒤에 10명이 한 팀이 되어 오시겠다고 하면 정중히 다음에 오시기를 권유한다. 식당은 넓지만 산골짜기 식당을 찾아 온 손님에게 도시의 번잡한 식당처럼 모실 수는 없다는 게 식당 '미학'의 원칙이다. 당장에 손해를 보는 것 같아도 이런 점들이 쌓여 결국은 무릉원 마니아들을 만들어낼 정도가 된 것이다.

먹을거리도 마찬가지다. 모든 농산물의 최종 고객은 소비자이다. 경제성장으로 농ㆍ식품 소비패턴은 다양화, 간편화, 고급화되어 가고 있고 이러한 소비자의 농ㆍ식품에 대한 다양한 욕구가 지속적으로 증가하고 있다. 품질을 향상시키지 않은 채 더 이상 신토불이와 애국심에만 호소할 수는 없다. 이제 우리 농업도 소비자가 원하는 안전한 고품질 농산물을 생산하여 소비자 앞에서 당당하게 수입농산물들과 경쟁하여야 한다.

5) 장인정신을 이어간다.

경기도 파주시 적성면에서 부모님과 함께 산머루농원을 운영하고 있는 서충원(30) 씨가 2006년 7천 평 머루농원에서 얻은 매출액은 15억 원이다. 이곳에서는 연간 10만 병(6종)의 머루즙과 20만 병(9종)의 머루주를 생산한다. "아직도 세계를 상대하기 위해서는 넘어야 할 험한 산이 많다."는 충원 씨는 몇 백 년씩 가업으로 포도주를 생산하는 프랑스의 포도주 명가처럼 되기 위해서는 술맛을 제대로 내는 것이 관건이라고 말한다.

주류회사 출신의 전문컨설턴트와 다각도로 연구하고 있지만 부단히 노력해야 된다는 것이 충원 씨의 생각이다. 최고의 맛을 찾는 건 오랜 세월에 쌓이고 쌓여야 가능한 일이기에 아버지에 이어 충원 씨, 다음은 아들인 동희로 징검다리를 이어갈 계획이다. 산머루농장에서는 머루가 익어가듯이 머루 와인 명가의 꿈도 익어가고 있다.

6) 인적네트워크를 구축하여 정보를 공유한다.

경기도 연천군 장남면에서 부모님과 함께 벼농사와 인삼 농사를 짓고 있는 오세철(27) 씨는 한국농업대학 특용작물과 졸업생이다. 세철 씨는 인삼 농사 잘 짓기로 꽤나 유명해 한국농업전문학교 동기나 후배들이 인삼 재배방법을 배우기 위해 찾아오기까지 한다.

보통 인삼경작자들은 재배방법을 기밀로 여기고 가르쳐 주지 않는데 세철 씨는 그렇지 않다. 아버지가 하던 방법, 자신이 도입한 방법 등 배경을 설명하면서 자신이 아는 것은 최대한 공개한다. 다른 이들도 아니고 학교 동문들이다. 그들이 성공해야 세철 씨도 좋다. 몸에 좋은 인삼이 잘 재배되어야 국민 건강에도 이바지하는 것이고, 세계시장에서도 더 독보적인 위치에 오를 것 아닌가. 배운 사람답게 거국적으로 생각하는 세철 씨다.

7) 주관을 이겨낼 줄 안다.

강원도 정선군 남면 낙동리 제일농장의 전영석, 염영주 부부는 서른 살 동갑나기, 한국농업대학의 동기동창생으로 15만여 평이 넘는 밭에 고랭지채소·더덕·오가피를 키우고, 산자락 60만 평에 잣나무와 산채, 약초를 키우고 있다. 여기에 1,200여 평 규모의 축사와 퇴비공장이 있으며, 연간 15억 원의 매출을 올리는 큰 농장이다. 이들 부부는 주관을 이기면 성공한다고 한목소리를 낸다.

"흔히 농사짓는 사람이 빠지기 쉬운 함정이 주관적인 판단입니다. 대부분 혼자 아니면 가족과 일을 하니까 일에 빠져서 다른 일에는 관심을 갖지 않을 때가 많습니다. 작목을 선택할 때 가장 중요한 것은 시장 조사와 정보 수집입니다. 그 다음에 판단하고 밀고 나가야죠."

영석 씨는 농장 일을 하는 틈틈이 사람 만나는 일을 게을리 하지 않는다. 즉 사람을 많이 알고 있어야 주관을 이겨낼 수 있다는 것이다.

요즘 많은 사람들은 가급적이면 농업을 피해가려고 한다. 하지만 성공하는 농업인들은 자신을 믿고 서로 의지하며 7가지 습관과 함께 한국 농업의 앞날을 여는 중이다.

24. 농민을 위한, 농민의 약국

M방송사에서 농·산·어촌 의료봉사활동을 진행하는 프로그램을 시청한 적이 있다. 산 넘고 물 건너 의료사각지대의 사연 많은 어르신들을 지켜보며, 눈시울을 적시지 않은 사람은 없었을 것이다.

M방송사 프로그램처럼 대규모의 의료진이 참여하지는 않지만 농촌보건봉사 활동을 16년째 하고 있는 농민약국 사람들이 있다. 현재 이들은 농민들의 쌈짓돈으로 세워진 나주, 화순, 해남, 상주, 홍천, 정읍 6곳에 18명의 약사들이 농민약국을 운영하고 있다.

전북 정읍의 경우 2005년 9월14일, 정읍 구 시장 입구 농협 맞은편에 약국 간판을 내걸었다. 이름하여 농민약국이다. 농민 약국은 '농민을 위한, 농민의 약국'이란 모토 아래 전국에서 여섯 번째 개국했다.

전라북도에서는 처음 정읍에 문을 열었다.

농민약국은 농민들의 건강을 지키는 데 최우선 가치를 둔다. 그래서 약을 사면 약국에서 의레 쥐어주는 각양각색의 드링크제 대신 국산 배즙을 준다.

1) 농부증 · 농약중독 · 하우스병 등 직업성 질환 중점 치료

전국에서 여섯 번째로 문을 연 전북 정읍의 농민약국

사회 지도층 인사에게 요구되는 높은 수준의 도덕적 의

무로 노블리스 오블리제(noblesse oblige)라는 것이 있다.

이는 로마시대 초기에 왕과 귀족들이 보여 준 투철한 도덕의식과 솔선수범하는 공공정신에서 비롯되었다.

초기 로마 사회에서는 사회 고위층의 공공봉사와 기부·헌납 등의 전통이 강하였고, 이러한 귀족층의 솔선수범과 희생에 힘입어 로마는 고대 세계의 맹주로 자리할 수 있었다.

세계 1, 2차 대전 중 영국의 고위층 자제가 다니던 이튼칼리지 출신 중 2,000여 명이 전사했고, 중국 지도자 마오쩌둥이 6·25전쟁에 참전한 아들의 전사 소식을 듣고 시신 수습을 포기하도록 지시했다는 일화도 유명하다.

우리나라 정서상 약사란 직업은 안전직종인 동시에 고소득도 보장되는 누구나 선호하는 직업이다.

하지만 높은 수준의 사회적 책임을 바탕으로 노블리스 오블리제(noblesse oblige)를 실천하는 약사들이 있다.

즉 농민을 위한 약국을 개국하여 열악한 농촌 의료 환경 속에서 영리추구 목적이 아닌 농민들의 건강권 확보를 실현시키기 위한 활동을 적극적으로 펼치고 있다.

물론 농민약국이라고 해서 농민들만 이용할 수 있는 약국이란 말은 아니다.

농민약국이란 명칭은 농민들이 농사일 때문에 발생할 수 있는 농부증, 하우스병, 농약중독, 농기계사고 등 4대 직업성 질환을 중점적으로 치료하고 농민들을 위한 농촌보건활동에 치중한다는 의미를 지닌다.

또한 농촌 진료활동을 통해 지역에 봉사하고 수익을 환원하는 새로운 모범을 만들려는 목적도 지닌다.

2) 농업인들 자신의 건강을 적극적으로 아끼고
   지켜나가길

1990년 건강한 농민, 건강한 세상을 꿈꾸며 나주에서 시작된 이들의 농촌보건활동은 지역농민들의 두터운 신뢰 속에 농촌 직업병의 근본적 해결을 위한 활동을 펼치고 있다.

구체적인 활동으로는 농한기에 마을로 직접 찾아가 주민건강교실, 마을 건강교육을 통한 교육 사업을 성실히 진행하고 있다.

농민약사들은 충고한다. 건강을 지켜나가는 것은 의사나 약사와 같은 전문가의 몫이 아니라 자신의 건강에 대하여 스스로 관심을 가지며 생활 속에서 지켜나가고 예방할 때 가능한 것이라고.

그런 의미에서 자신의 건강을 스스로 지켜나갈 수 있는 방법을 함께 배우고 찾아나가는 데 건강교실의 의의가 있다는 것이다.

주민건강교실은 그 지역 주민들을 주 대상으로 하고 마

을 건강교육은 순회 진료를 진행했던 마을의 후속작업으로 진행된다.

여기서는 농민 스스로가 건강을 관리할 수 있도록 체조 요법, 부황, 쑥뜸, 약차 제조, 농약중독 예방 등을 교육하고 함께 실습도 한다.

25. 잘못된 식습관으로 도둑맞은 우리 밥상

식량은 그 무엇보다 강력하고 위협적인 무기다.

분명히 세계의 식량 생산량은 수요를 초월한 지 오래다. 그런데도 식량이 모자라서 굶주림에 허덕이는 나라가 꽤 많다. 왜 그럴까? 지구촌 한쪽에서는 생존 대신 이윤 창출을 우선시하는 반면 지구촌 다른 한편에서는 식량을 살 수 있는 돈이 없는 나라가 많기 때문이다.

즉 굶주림의 근본 원인은 식량과 토지의 부족이 아니라 '식량의 무기화'에 있다. 이처럼 식량 수출은 국제 경제를 전제로 하니, 결국 국민 경제와 국제 경제를 포괄하는 경제의 비민주적 행태가 대규모 기아라는 끔찍한 비극을 만들어낸다.

1) 메이저 곡물기업의 사료로 키워진 한우의 '정체성'은?

게다가 생존보다 이윤이 먼저인 식량수출국에선 남아도는 식량이 폐기되고 있다. 이렇게 식량이 폐기되는 이유는 무엇일까. 이는 카길(Cargill), 코인브라(Coinbra), 번지(Bunge), 안드레(Aynre) 코넬 등 전 세계 식량거래의 큰 손으로 알려진 메이저 곡물기업들 때문이다.

예컨대 이들이 한국에서 벌이고 있는 사업 중 가장 잘 알려진 것은 가축 사료용 곡물 수입, 사료 제조, 유량 종자 등 3개 부문인데, 이 3개 부문은 농업의 필수 요소에 해당한다. 설령 한우 고기와 수입 쇠고기를 구별한다 해도, 한우가 메이저 곡물기업에서 제공하는 사료로 키워진다면, 우리의 밥상은 이들의 손에 좌우될 수밖에 없다.

또 이들은 일단 이윤이 남을 가능성이 없다고 판단되는 경우 잉여 식량이 굶주리는 사람들에게 돌아가지 못하고 폐기될 가능성이 높다. 즉 수요와 공급에 따른 가격 조절을 위해 식량이 버려질 수 있다는 것이다.

이처럼 현재 한국의 농업은 카길을 비롯한 메이저 곡물기업의 공세에 설 자리를 잃어가고 있다.

물론 이들에게 저항하는 방법에는 소규모 농경의 다각화와 국내 식량자급체제의 개발 등과 같은 정책적인 측면이 있겠지만, 일차적으로 우리 국민 스스로 대처할 수 있는 방법이 선행되어야 한다.

이를 위해선 당장 우리 가족 식단의 밥상차림부터 고쳐야 한다. 젊은 부부들의 경우, 새 아파트에 입주했다고 친구들을 초대하여 벌이는 집들이 행사에는 밥상을 정성껏 차리지만, 그렇지 않은 경우, 먹고 살기 바쁘다는 핑계로 아예 집에서 식생활을 하지 않는 경우가 다반사다.

매끼 식사를 외식이나 배달 음식 등으로 대충 때운다. 하물며 혼자 먹는 밥상차림은 두말할 나위 없다. 먹을 것이라곤 텅 빈 냉장고 안에 요리 팩이나 캔 음식만이 덩그러니 들어있다

2) 신발 고르는 정성만큼 상차림에 공들인다면

우리는 신발 한 켤레를 사기 위해서도 오랜 시간 고민하고 여기 저기 알아보지만, 건강을 좌우하는 밥상을 차리기 위해서는 많은 고민과 공부를 하지 않는다. 밥상을 안 차리는 세대, 이런 잘못된 습관이 계속 이어진다면 나도 모르는 사이 내 밥상은 점점 도둑맞게 될 것이다.

바로 그 도둑은 전 세계 곡물시장의 75%를 점유하고 있는 '카길'사와 같은 메이저 곡물기업이다. 앞으로 우리 먹을거리조차 지켜내지 못하면 우리 목숨도 이미 내놓은 것과 다름이 없다. 진정 우리 것을 지키고, 무병장수를 원한다면 신토불이 밥상을 잘 차려야 한다.

다행히 일각에서 전통적인 음식문화에 대한 열정을 되살리고 삶의 질과 건강을 위한 자연친화적인 음식을 찾는 사람들이 늘고 있다. 하지만 아직은 역부족이다.

우리 농산물을 먹어야 하는 이유를 간추려보면, 생물학적으로는 우리 땅의 우리 농산물은 오랜 우리 민족의 진화에 조화를 이루어 한민족의 체질에 꼭 들어맞기 때문이며, 또 우리민족은 우리의 풍토와 기후에 순응하여 이에 맞는 농산물을 먹어왔으므로 생명의 최적 선택의 원리에 일치하는 자연과 인간이 조화를 이루게 되어 건강을 증진시키며 우리 입맛에 꼭 맞기 때문이다.

사회학적으로 볼 때 음식물은 인간의 체질은 물론 성격 형성에도 지대한 영향을 끼치므로 우리 농산물을 통해 우리 민족의 착하고 정의로운 심성과 평화의 정신을 간직할 수 있기 때문에 우리 농산물을 먹는 것이 마땅하다. 그리고 식량의 무기화를 막아, 막대한 이익을 챙기는 다국적기업의 경제적 독재를 견제할 수 있는 반사이익도 있다. 이와 함께 생물다양성을 회복할 수 있고, 생물자원을 보호하는 지름길이 될 수가 있다.

26. 농업·농촌의 진로가 판가름 되는 기회

　　2007 대선과 2008 총선을 앞두고 정당별로 유권자의 표심을 잡기 위해 바쁘게 움직이고 있다. 특히 차기 대통령은 격변하는 환경 속에서 대한민국을 5년간 이끌어가야 하는 대임을 맡게 된다는 점에서 유권자들의 현명한 선택은 매우 중요하다.

　　농업인에게도 예외는 아니다. 앞으로 차기대통령과 집권 정당의 농정관(農政官)에 의해 향후 농업 농촌의 진로가 판가름되는 기회이기 때문이다.

　　그런 의미에서 다음의 교훈(한일농업농촌문화연구소 현 의송 소장님 제공)을 타산지석으로 삼아야 할 것이다. 얼마 전(7월 29일)에 있었던 일본 참의원 선거 결과는 우리에게 적지 않은 시사점을 준다.

　　선거 다음날 일본의 아침 신문들은 <자민 역사적 참패>

<자민대패 여야당역전>이라는 타이틀을 1면 톱으로 실었다. 신문들은 패배의 원인을 연금 기록의 누락 문제와 정치와 금전과의 연결문제 그리고 대신들의 실언 등이 패배의 원인이지만 그보다는 농민들의 반란이 가장 큰 영향력을 미쳤다는 평가다. 명치전기의 농민운동인 농민일규(農民一揆, 농민들이 빈곤문제 해결과 소작권보장 등을 요구하며 시위를 한 농민운동)에 버금가는 농민들의 반발이었다는 것이다.

1) 일본 참의원 선거의 몇 가지 특징

자민당 대패를 가져온 이번 참의원 선거의 몇 가지 특징을 보면 이렇다.

첫째, 농민표의 반란이다. 규슈(九州)와 시코쿠(四國) 지역은 자민당의 왕국이라고 불릴 정도로 자민당이 50년 동안 독차지해 왔으나 이번에는 민주당과 야당이 대부분의 의석을 차지했다. 이는 자민당의 4ha 이상(법인의 경우 20ha 이상)의 대규모 농가를 중심으로 직접지불을 하는 '품목횡단적 경영안정대책'이 소규모 농가를 제외한다는 점에서 85%를 차지하는 겸업농가와 소규모 농가들이 반발한 것으로 볼 수 있다.

둘째, 대도시와 수도권을 제외한 지방도시에서 지방과 도시의 양극화 문제의 심각성을 표출한 점이다. 우리의 경우와 비교하면 양극화 문제가 그렇게 심각해 보이지 않는다. 교육과 일자리 문제가 우리와는 비교가 안 될 만큼 격차가 있는 것으로 보이지 않는다. 지방교육도 충실하고 일자리도 지방에 기업이 산재해 있어서 실업률이 높지는 않다. 1인이 뽑는 소선거구가 전국에 29개소 있는데 여기서 자민당은 6개 의석만 확보하는 데 그쳤다.

셋째, 농림성과 외무성 등 관료출신이 대부분 낙선한 점이다. 현직 농림성 부대신을 비롯하여 전직 등 4명이 출마했으나 모두 낙선했다. 정치인들의 잇따른 실언과 헌법개정 등 실생활과 관계가 없는 분야에 적극성을 보이는 관료집단이 신용을 잃은 것으로 볼 수 있다.

전통적으로 협동조합 조직이 강하고 농업이 발달된 일본 북해도(Hokkaido, 홋카이도)의 농촌 풍경

넷째, 농민들이 위기의식을 느끼고 농민대표인 야마다를

참의원으로 당선시킨 점이다. 야마다 후보는 북해도 도야마 규슈 시코쿠 아이치 시마네 등 전통적으로 협동조합 조직이 강하고 농업이 발달된 지역에서 표를 다수 획득한 점을 보아도 농민들의 간절함을 이해할 수 있다.

농민들의 속사정을 충분히 이해하는 사람을 국회로 보내야만 농민들의 요구를 관철시켜 소농들도 살길을 만들어야 한다는 절박감에서 선거에 임했다는 것이다. 오이 전업농가인 지바(千葉)현의 이시다(石田) 씨는 주변의 농가와 친척들 60명에게 전화나 편지로 진정한 농민대표를 뽑아야 안전하고 믿을 수 있는 농산물을 생산할 수 있다고 설명했다고 한다.

대통령 선거가 120여일 앞으로 다가왔다. 농업인의 걱정을 덜어 줄 농정방향이 획기적으로 정립되지 않고서는 이 나라 농업의 미래는 없다. 대선을 앞두고 대선후보들이 유권자인 350만 농민들의 표심을 잡기 위해 각종 공약을 쏟아낼 것이다. 올바른 농정관을 갖춘 대선후보에게 의미 있는 표를 던져야 한다. 국회의원 선거도 마찬가지다.

27. 농가식당 활성화 대책 마련을

사람에게는 누구나 뉴턴의 '관성의 법칙'과 비슷한 '타성의 법칙'이라는 게 있다. 이는 늘 하던 방식을 답습하고 큰 자극 없이는 바꾸려 하지 않는 경향을 말한다. 그중 하나가 잘못된 식생활습관이다. 예컨대 짜고 맵고 자극적인 맛이 주를 이루는 외식, 인스턴트식품이나 패스트푸드, 잦은 음주, 흡연, 불규칙한 식습관, 스트레스, 과로 등 일상에서 부딪힐 수 있는 모든 것들이 만성피로의 원인이 될 수 있다. 바쁜 현대인이라면 이 중 한두 가지 정도는 해당이 될 것이다.

이런 식습관은 생활 속에 스며들어 무의식적으로 자동화되어 있다. 그러다보니 무엇을 해도 재미가 없고, 만사가 귀찮다.' 요즘 젊은이들 사이에서 유행하는 신조어 '귀차니즘'의 증상이다. 매사에 의욕을 잃고 편안한 안식만을 찾는 상태인데, 이는 만성피로라는 질병에서 비롯됐을 가능성도 있다. 사람들은 보통 찌뿌듯하고, 무엇을 해도 집중이 안되면 일단 '일이 자신에게 맞지 않아 그렇다.'고 생각해버린다. 그러나 이는 의외로 자신의 몸에 만성피로라는 이상 형태로 표현된 질환일 가능성이 높다. 이런 질환은 대부분 잘못된 식생활 때문이다. 잘못된 식생활로 질병이 생겼는데 그 원인은 그대로 둔 채 새로운 약이나 의술로 질병을 치료하려고 한다. 결국 건강하지 못한 개인의 식생활이 개인의 생명과 다른 환경까지 위협하고 있다.

특히 무더운 여름이야말로 잘못된 식생활과 귀차니즘으로 인해 만성피로에 발목 잡힐 수 있는 계절이다. 이런 때는 산과 바다에서 나오는 온갖 재료로 만든 진기한 음식이 어우러져 있는 산해진미를 찾아 떠나보는 게 좋은 방법이다.

일본 규슈 후쿠오카(福岡)현 후쿠쓰(福津)시에 있는 농가식당 <살구꽃 마을>은 30여 종의 채소류를 중심으로 만든 뷔페식 식당이다. 이 요리에 사용한 채소류는 식당에 올라오기 전 농산물직매소에 진열된 것을 그날그날 사용한다. 운영은 240여 명의 여성 조합원으로 구성된 <살구꽃마을 이용조합>이 담당한다. 농가 주부들이 직접 생산한 지역의 채소류를 많이 식용해 달라는 소원을 담아, 농가의 여성들이 서로서로 지혜를 모아 만든 뷔페식 식당은 널리 알려져서인지 지역 내 사람은 물론, 인접 후쿠오카나 규슈(北九州)시에서도 사람들이 온다. 이 직매장에서는 지역 내 학교

급식소에도 채소류를 납품하는데, 조합원별로 매월 채소 종류와 양을 할당해서 납품토록 한다. 일본 정부는 2005년 식육(食育)기본법을 제정하고, 동법 제20조에서는 <지역의 특색을 활용한 학교급식의 실시>라고 규정하고 있고 동법 제23조에서는 <농림수산물이 생산된 지역 내의 학교급식에 이용>토록 법제화를 했다. 지역 내 생산물의 학교급식 비율이 전국 평균 21%인데 이를 2008년까지 30%까지 끌어올리기로 했다.

이처럼 최근 일본에서는 농가 주부들이 운영하는 식당이 큰 인기를 끌고 있다. 옛날의 순수 가정요리를 제공한다는 외식 체인점도 등장하고 있다. 가정요리가 붐을 일으키고 있는 것은 가정에서 요리를 하는 기회가 줄어든 것과 관계가 있는 것으로 생각된다. 스스로 요리를 하는 것은 싫으나, 가정요리를 먹고 싶다는 욕구가 크기 때문이다. 특히 음식 재료의 대부분을 주부들이 직접 재배했거나 지역 내에서 친환경농업으로 생산한 농산물을 원료로 한다는 점이 중요하다. 음식점의 장소도 농가주택을 약간 개량해서 사용한 곳이 많다. 값을 비교적 저렴하게 하고 소박한 요리를 제공함으로써 어느 곳에나 있는 관광지 음식에 싫증난 여행자를 만족시키는 것이다.

농림성의 최근 통계를 보면, 농촌 주부들이 개업한 사업이 7,327건에 이른다. 다행히 우리나라도 전통적인 음식문화에 대한 열정을 되살리고 삶의 질과 건강을 위해 농가식당을 찾는 사람들이 늘고 있다. 하지만 일본에 비하면 아직은 시작에 불과하다. 먹고 싶은 것을 먹고 싶을 때 먹는다는 것, 먹고 싶은 것을 좋아하는 사람들과 함께 먹는다는 것은 단순히 배고픔을 채우는 쾌락이 아닌 영혼을 채우고, 영혼을 나누는 쾌락일 것이다.

따라서 우리 농촌의 농가식당도 '붐'을 일으킬 수 있는 활성화 대책이 강구되었으면 한다. 끝.

28. 볼런투어리즘 확산을

무역의 빗장이 열린 농촌사회는 하루가 다르게 변하고 있다. 앞으로 그 변화의 속도는 종잡을 수 없을 정도로 빠르게 진행될 것이다. 이런 상황에서 과연 무엇을 어떻게 하는 것이 농촌사회를 지키는 길인지 지극히 의문스럽다.

반면 어려워진 농촌 현실에 비춰볼 때 점차 자원봉사활동을 활용할 부분이 많아질 것으로 생각된다. 다행히 최근 기업의 사회적 책임이 강조되면서 1사 1촌에 이어 볼런투어리즘(voluntourism)까지 등장했다.

‘볼런투어리즘’은 자원봉사활동을 뜻하는 ‘볼런티어(volunteer)’와 여행을 의미하는 ‘투어리즘(tourism)’이 결합된 신조어다. 이런 ‘볼런투어리즘’이 기업의 사회공헌프로그램 및 사내 휴가제도와 연계되고 관련 특가상품 출시 및 여행비 할인정책을 실시한다면 더없이 좋은 제도로 정착될 것이다.

하지만 배려하는 마음에서 우러나오는 자원봉사활동의 가치가 당연히 존중받아야 하는데 사회적 가치기준은 그렇게 성숙돼 있지 않다. 심지어 자원봉사행위에 대한 개념인식조차 절대 부족하다.

우선 자원봉사활동의 가장 큰 문제점은 수요처와 공급처의 불일치다. 기업은 사회적 책임경영의 일환으로 그들의 필요에 따라 자원봉사시스템의 공급을 가동하고 있으나 농촌 수요처와의 지속적인 교류 프로그램 개발 미흡으로 일회성으로 끝나는 경우가 다반사다. 자원봉사자의 인식부족도 문제다.

농촌 자원봉사활동을 하는 사람 중에는 자원봉사활동의 기본이념과 필요성에 대한 확신이 없어 일시적 또는 자기만족을 위해 활동에 참여하는 경향이 많으므로 자원봉사자에 대한 참된 가치나 보람을 갖지 못하는 경우가 많다. 그 결과 자원봉사자의 행동은 무책임하고 단기적인 봉사에 그치는 경우가 많다.

마지막으로 농촌 자원봉사활동을 지원하는 기업의 체계적·제도적 장치가 미흡하다. 자원봉사 인력을 체계적으로 교육하고 연계하는 지역농촌의 자원봉사 거점이 필요하지만 현실은 기업별로 산발적인 자원봉사가 이뤄지고 있어서 체계적이고 종합적이지 못하다.

　농촌이 몹시 갈증을 느낄 때 도시민의 자원봉사활동은 농민에게 희망과 용기를 줄 수 있음은 물론 농촌사회가 원활히 유지될 수 있도록 도울 수 있는 훌륭한 도구가 될 수 있다. 원유 유출사고 이후 태안지역 '봉사활동 운동'을 거울삼아 농촌 볼런투어리즘 확산을 위한 정부·단체·기업들의 체계적이고 적극적인 지원시스템이 구축되기를 바란다.

29. 봉사와 관광을 동시에 하는 프로그램개발을

볼런투어리즘(voluntourism)은 봉사자(volunteer)와 관광을 뜻하는 Tourism이 결합된 신조어로 전통적인 여행이나 관광에 자원봉사활동이 결합된 형태다. 이런 '볼런투어리즘(자원봉사관광)'은 휴가를 자원봉사활동으로 보내는 것으로서, 한국뿐 아니라 전 세계적으로 교회와 자원봉사단체, 국제적인 민간단체를 중심으로 진행돼 왔다.

특히 주요 관광지들이 쓰나미, 카트리나와 같은 자연재해를 입은 후, 사람들이 봉사의 가치를 실감하면서 더욱 활발해지고 있다. 볼런투어리즘에 참여하는 사람들의 경우, 주로 경제적 능력이 있으면서 뭔가 보람된 일을 찾고자 하는 베이비붐세대들이 많다. 이런 자원봉사관광은 보통 일주일 안팎의 짧은 기간에 '봉사＋관광'의 형태로 이뤄진다.

미국의 경우는 방학 동안에 대학생들을 시작으로 볼런투어리즘이 캠퍼스에 퍼지고 있으며, 뉴올리언스를 강타한 카트리나의 피해 이후 중고생들에까지 확산되고 있다.

이들은 자신이 정한 관광지에서 머무르며 마을사람들의 일손을 돕는 일부터 시작해 자신의 전공분야를 살려 아이들을 가르치거나, 농촌관광가이드를 하거나 각종 기술을 알려주는 등 다양한 형태로 휴가를 보낸다.

섬 학교 아이들과 농협중앙교육원 교직원들이 학교운동장에서 체육 행사도 하고, 자원봉사활동도 펼치는 광경.

최근엔 볼런투어리즘을 이용한 관광상품이 더 많이 개발되고 있고, 인터넷 예약사이트를 통해서도 봉사활동의 종류나 지역을 자유롭게 선택해 원하는 휴가를 보낼 수 있어 갈수록 확산되고 있는 추세다.

우리나라도 봉사활동인구가 예년에 비해 50% 이상 증가하는 등 호조를 보이고 있으며, 관광이나 레저에 대한 관심 역시 주 5일 근무제 시행 후 지속적으로 증가하고 있다. 특히 태안지역 원유 유출사건 이후 자원봉사활동 인구가 급격히 증가했다. 자원봉사활동은 태안지역 주민에게 희망과 용기를 줄 수 있음은 물론 지역사회가 원활히 유지될 수 있도록 도울 수 있는 훌륭한 도구다.

앞으로 단순한 봉사활동 인구가 아닌 봉사 자체와 나눔을 즐기는 사람들이 늘어나고, 쉽게 휴가를 떠날 수 있는 직장이나 학교에서의 제도가 마련된다면, 봉사활동 인구가 지금보다 더 늘어날 것이다. 하지만 지역의 문화와 필요에 대한 이해 없이 봉사활동을 자원하거나, 준비가 돼 있지 않은 지역을 선택할 경우, 자원봉사자나 지역주민 모두 실망하게 되는 경우가 생길 수 있다.

즉 누군가를 돕는 여행인 자원봉사관광이 당사자에게는 '착한 일을 한다는 느낌'을 잠시 줄 수는 있어도, 도움 받는 지역에 실질적인 혜택을 주지는 못할 수도 있다. 특히 농·산·어촌 지역의 사정은 더욱 그렇다. 따라서 외국이 아닌 국내 관광지를 목적지로 하는 '한국형 볼런투어리즘'을 당장 확산할 필요가 있다. 지금까지는 주변 권유에서 시작한 자원봉사 동기가 이제는 '볼런테인먼트(자원봉사＋즐거움)'로 변하고 있다.

섬 학교 아이들을 초청해 벌이고 있는 도시체험학습은 봉사와 나눔의 의미를 되새길 수 있는 프로그램이다.

그런 의미에서 자원봉사와 관광 사이에 중간다리 역할을 할 수 있는 무언가가 필요한데 그 무엇이 바로 즐거움을 유도하는 지역 가꾸기의 핵심수단인 다섯 가지 '지역창조 요소' 개발이다. 즉 알 거리(지역, 개인사, 전설, 민요, 약효, 술, 그리고 외지인이 모르는 이야기 등으로 스토리 브랜드 만들기), 할 거리(타지불가(他地不可)의 독특한 취미나 창작, 전통놀이), 일거리(농·산·어촌에서 노동을 수반하는

체험: 농촌의 가치인식, 노동의 신성함), 놀거리(재미와 감동＋정보와 교양을 주는 놀이), 살 거리(지역자산의 가치 증진과 농산물의 부가가치를 만들어 방문객들에게 판매하자) 등이다.

물론 선한 일을 하면 뇌가 즐겁다는 연구도 있지만, 요즘은 기업이나 개인들도 사회공헌활동에 대한 인식이 확대돼 봉사대상 지역이 실제로 어떤 매력이 있는지 꼼꼼히 뜯어보고 자원봉사를 신청하고 있다. 이럴 때 즐거움을 유도하는 지역창조요소 개발 여부가 관건이 된다.

따라서 이런 다섯 가지 거리(알 거리, 할 거리, 일거리, 놀거리, 살 거리)가 준비된 지역만이 봉사를 통한 나눔과 국내관광 활성화라는 두 마리 토끼를 잡을 수 있을 것이다.

30. 자원봉사문화 한 단계 높여 복지국가 앞당기자

충남 태안 앞바다 기름 유출 사고 한 달여 만에 자원봉사자 등 복구 작업 투입 인력이 100만 명을 넘어섰다고 한다. 정부와 언론, 민간단체, 기업 등 각계각층의 동참에 이어 갖가지 제도적 조치들도 잇따르고 있다. 하지만 자원봉사 인구의 증가에 비해 정부의 사회복지재정 규모는 턱없이 부족한 실정이다. 선진국이라고 하는 나라에서는 제4의 물결, 곧 자발적 서비스, 자원봉사문화가 우리보다 한 단계 위다. 일본은 고베 지진과 미쿠니 사건을 계기로 자원봉사문화가 한 단계 높아졌다. 1998년엔 비영리단체(NPO)법을 만들어 자원봉사단체의 법인 등록과 세금 감면의 길을 열어줬고, 자원봉사가 생활화된 미국에선 성인의 절반이 일주일에 3~4시간씩 봉사 활동을 한다고 한다.

이러한 시점에서 시급한 것은 자원봉사문화를 한 단계 높여 사회봉사 서비스 수요를 충족시켜주는 일이다. 우리는 1인당 국민소득 2만 달러를 목전에 둔 지금 복지국가로의 이행이 불가피한데도 아직 제3의 물결에 휩싸여 있다. 양적 성장만으로 우리가 기대하는 '생산적 복지사회'를 실현할 수는 없다. 이제는 진정한 의미의 질적 성장을 꾀해야 한다.

우선 자원봉사 기관들 사이의 연대의식 결여와 기관 및 프로그램의 중복을 들 수 있다. 일례로 자원봉사 전산망은 큰 예산을 들여 시스템을 개발해 놓았지만 충분히 사용하지 않으면 그 효용가치가 없어진다. 그러한 문제점을 해결하기 위해서는 각 기관과 단체들 사이의 연계된 사고가 필요하며, 이러한 네트워크의 주체로는 민간 주도의 전국적인 자원봉사센터가 적합하다.

둘째, 민간 섹터가 취약하다. 최근 정부 주도로 전국 각 지방자치단체에 자원봉사 부서나 조직을 만들어 지원하는 현상을 보면 수동적인 느낌을 받는다. 정부가 지원하는 것은 좋으나 민간단체가 주도해 조직하고 프로그램을 시행하는 것이 돼야 한다.

셋째, 지도력 부족이다. 최근까지 자원봉사 교육의 중점은 봉사의 필요성과 봉사자 수칙에 두어왔고 봉사자 관리는 소홀히 해 왔다. 그러나 자원봉사자의 중도탈락 또는 불만족을 줄이며 의미 있는 자원봉사 활동이 되려면 훈련된 조정자의 지도력과 그런 지도력을 제공하는 전문기관이 필요하다.

넷째, 위와 같은 문제들의 바탕은 우리 사회가 아직도 자원봉사의 가능성과 가치를 잘 모르고 있다는 것이다. 사회를 결속·유지시키며 발전시키는 원동력이 되는 자원봉사는 장애인과 비장애인, 부유한 자와 가난한 자, 지식인과 학식이 적은 사람 등 계층 간에 벌어진 틈을 메우는 것이다. 사회적 신분과 부, 성별, 나이 등에 관계없이 제공하는 자와 받는 자가 동등하게 되는 평형 장치이기도 하다.

아직 우리나라는 제3의 물결에 휩싸여 있다. 분명한 것은 우리 눈앞에 인간의 삶과 질과 가치를 창조하는 제4의 물결이 밀려오고 있다는 사실이다. 자원봉사가 없는 삶에는 이웃사촌이 존재하지 않으므로 생존경쟁 사회는 공존이 불가능하다. 그렇기에 우리는 자원봉사자가 돼야 한다. 사회복지제도와 자원봉사자들의 노력이 한데 어울리면 월드컵 이상의 기적을 일궈 낼 것이다. 더 나아가 자원봉사 문화도 한 단계 높아져 사회복지 수준 향상에 큰 역할을 할 것이라고 생각한다.

31. 한국 농장을 한류브랜드로 만들자

요즘 동남아시아에 부는 한류 열풍이 만만치 않다. 싱가포르와 태국 등에서는 가수 비가 광고 모델로 등장할 정도이고, 인도네시아도 예외는 아니다. 드라마 '가을동화' '겨울연가' '파리의 연인' 등은 인도네시아에서 공중파 방송으로 전국에 방영됐다.

이런 한류의 영향으로 한국 상품과 식문화에 대한 현지인들의 관심이 늘면서 한국 농촌을 투어하려는 현지인들의 발길이 이어지자, 외국인 관광객을 겨냥한 이색 농장들이 생기고 있다.

경북 의성 한국애플리즈 대표인 한임섭 씨는 39만 6696㎡(12만 평)에서 사과를 재배한다. 사과를 재배하지 않는 동남아 관광객을 대상으로 사과 수확작업이나 나만의 사과와인을 만들어 직접 가지고 갈 수 있게 하는 등 맞춤형

'체험 투어'를 통해 지난해 1만여 명의 외국 관광객을 유치했다. 그 결과 20여억 원에 가까운 매출을 올렸다.

또 강원도 평창군 도암면 횡계 2리는 눈 구경을 하기 힘든 동남아 외국인들을 겨냥해 눈썰매장, 스노모빌 투어, 스노래프팅 등의 상품을 선보여 매년 7,000여 명의 동남아 관광객을 끌어 들여 지난해 매출액이 4억 원에 달한다.

최근엔 4륜 오토바이, 치즈 만들기, 양떼 몰기 등 사계절 상품도 개발돼 외국인 방문객은 계속 늘어날 전망이다. 이것 외에도 전남 광양 청매실농원 등도 매화꽃 열매와 야생화를 보러 오는 외국인들이 늘고 있다.

1) 외국인 관광객을 유혹하는 유럽의 개별 체험학습장

유럽은 우리보다 한참 앞서 이런 일을 조직적이고 폭넓게 하고 있다. 이름 하여 그랜드투어(Grand Tour)를 가능케 한 체계적인 체험학습장이다. 부모나 가정교사와 함께 자녀들이 유럽 농·산촌 곳곳을 여행하며 현장에서 직접 보고 배울 수 있도록 한 체험학습장을 광범위하게 운영하고 있다. 특히 영국에서는 그 옛날에 한 해에만 4만여 명이 유럽대륙에 체류할 정도로 인기가 높았다고 한다.

우리나라도 주 5일 근무 시대에 발맞추어 내국인들을 대상으로 한 농촌체험, 갯벌체험, 병영체험 등 각종 체험상품이 쏟아지고 있다. 하지만 '구슬이 서 말이라도 꿰어야 보배'라는 말이 있듯이 관광자원을 엮어 보석으로 만들어내지 못하면 모처럼 찾아온 한류열풍의 호기를 놓칠 수밖에 없다.

이번 기회에 우리도 유럽 농촌처럼 외국인 체험 투어 시범단지 조성 등을 통해 마을과 농가가 함께 참여해 소득을 높이고, 맞춤형 농촌체험 프로그램으로 외국 관광객을 유치하는 적극적인 대책을 강구해보면 어떨까.

이를 위해서는 체계적인 농촌체험투어 프로그램 마련 및 보완이 필수다. 즉 사계절 프로그램 개발, 화장실을 비롯한 편의시설 부족 문제 해결 등으로 많은 동남아인이 올 수 있는 환경을 조성해야 한다. 또 체류형 투어 패키지 상품을 지속적으로 개발하고 적극적인 투어 마케팅을 펼쳐야 한다.

아울러 농촌을 찾는 사람들이 줄어든다면, 농촌 회생은 불가능한 만큼 이제 우리도 자녀와 함께 우리 농촌으로 그랜드투어를 떠나는 연습을 많이 해야 한다. 이미 교육열이 높은 엄마들 사이에서는 방학이나 긴 연휴기간을 이용한 교육 여행이 한창이다. 학교에서 도외시하는 농업과 농촌에 대한 지식을 알려 줄 수 있고 아이와 함께 소중한 추억까지 만들 수 있으니 그야말로 일석이조다.

우리나라는 사계절이 뚜렷하기 때문에 농업·농촌과 사계절이 없는 동남아인들에게는 훌륭한 관광지이다. 개발의 여지도 많고 그만큼 농촌 체험관광 상품의 필요성과 효용성이 높다.

이제 내국인만을 위한 농촌투어상품을 많이 개발하면 된다는 생각은 바꿔야 한다. 농촌체험관광 상품도 하나의 한류브랜드다. 과거 자국 내 도시민 위주의 농촌투어 방식에서 벗어나 농촌의 경제성과 그랜드투어를 추구하는 한류브랜드 방식이 우리 농촌의 경쟁력을 보장해 줄 것이다.

32. 농업 부문, 역경지수(AQ) 활용하자

　요즘 기후변화가 심상치 않다. 기후변화는 인류가 해결해야 할 또 다른 골칫거리다. 최근 몇 년 동안 이어지는 '기상이변' 현상으로 인해 지구촌이 떠들썩하다. 이 같은 이상 기후는 일과성 이변인가, 아니면 지구온난화 등으로 인한 지속적인 현상인가.

　기상학자들은 유럽대륙에 뜨거운 공기가 유입됨에 따라 7월의 이상 열파가 초래됐다고 진단하면서 장기적 관점에서 보면, 발전소, 자동차, 항공기 등에서 쏟아내는 이산화탄소 배출로 인한 지구 온난화가 이상 혹서의 중요한 원인이라고 지적하고 있다.

　지구온난화가 지구의 균형을 깨는 데 일조하고 있음이 점점 분명해지고 있다. 더 늦기 전에 행동을 해야 할 시점이다. 특히 지구온난화는 환경지수(Environmental index)와 관련이 깊다. 환경지수란, 환경상태의 변화추이를 종합적으로 나타내기 위해 여러 분야의 환경지표를 통합해 작성한 값을 말한다.

최근 미국 예일대와 컬럼비아대 공동 연구진이 다보스포럼에서 발표한 환경성과지수(EPI)에서 한국은 전 세계 149개국 중 51위로 중상위권의 성적을 낸 것으로 나타났다. 지표별로는 환경질병(38위), 물(44위), 대기오염(42위) 등 환경보건과 관련된 분야에서는 비교적 높은 점수를 받았지만 농업(121위), 종다양성 및 서식지(126위) 부문에서는 저조한 점수를 받아 개선책 마련이 시급한 것으로 지적됐다.

1) 불리한 환경에서 목표 성취하면 역경지수 높아

이런 때 기후변화에 상대적으로 불리한 환경에 놓여있는 농업부문에 역경지수를 접목해보면 어떨까. 예컨대 수많은 어려움에 굴하지 않고 냉철한 현실인식과 합리적인 판단력을 바탕으로 끝까지 도전, 목표를 성취해 바라는 결과물을 만드는 능력을 가진 이들은 역경지수(AQ: Adversity Quotient)가 높다고 한다.

농촌진흥청의 지구온난화에 따른 작물별 분석결과를 보면, 열대작물인 벼는 온도가 높아지면 조생종 재배지대는 만생종 재배지대로 바뀌고, 온도가 상승함에도 현재의 재배시기를 고수하면 쌀의 소출은 등숙기의 고온 때문에 20~30% 감수되지만, 등숙기에 알맞게 재배시기를 옮기면 약 18%의 증수도 가능할 것이라고 한다.

보리는 재배한계지가 북상하면서 가을보리 재배한계선이 해안선을 따라 수원, 충주까지 확대되고 있다. 사과와 배는 만개가 빨라지고 만개 소요일수가 짧아지며, 납작한 사과 생산이 증가하면서 착색도 불량해져 품질 저하가 예상된다. 기온상승에 따른 품질변화는 한반도의 사과 재배적지에도 변화를 가져와 온도가 3℃ 상승하면 현재 재배면적 2만 7000ha가 1만 5000ha로 축소될 것이라고 한다.

2) 잘사는 농촌은 실패와 역경을 먹고 자란다.

또한 제주도에서만 재배되던 원예작물이 남해안 지역으로 북상하고 있다. 제주 명물인 한라봉이 전남 고흥, 경남 거제 등지에서 재배되고 있으며 월동배추는 전남 해남지역에서, 겨울감자는 전북 김제에서 재배되고 있다. 기온이 2℃ 오르면 감귤 재배지는 해발 200m 이하의 해안 및 평지에서 250~350m 중산간 및 산지로 변화하고, 전남·북, 경남·북 평야지대로 북상이 예측된다고 한다.

농업생태계의 군집변화도 예상된다. 날씨가 따뜻하면 곤충들은 더 빨리 자라고 더욱 자주 그리고 여러 번 번식하며 더 일찍 이동하게 되는데, 온대지방에서는 지금의 해충보다 훨씬 다양하고 빈번하게, 더 큰 규모의 피해를 볼 수 있다고 한다.

농촌이 어렵다. 하지만 잘사는 농촌은 실패와 역경을 먹고 자란다고 한다. 잘사는 선진농촌은 쉬운 싸움에서 이기는 것보다 어려운 싸움에서 패배하면서 비로소 성장한다고 한다. 좋은 약은 몸에 쓰듯이 역경도 잠시 괴롭지만 참고 이겨내면 많은 이로움을 얻을 수 있다. 역경지수를 높이는 것은 농촌세상을 즐겁게 살아가는 지혜 중 하나가 될 것이다.

33. 농촌 발전, 고령화 사회에 답 있다

  우리나라 고령인구의 비중은 2005년 기준 9.1%로 세계 48위 수준이다. 그러나 출산율 저하와 보건·의료 수준의 향상 등으로 평균수명이 늘어남에 따라 고령인구 비중은 다른 선진국에 비해 매우 빠른 속도로 늘고 있다. 이에 따라 2025년에는 65세 이상 인구의 비율이 20%를 넘는 초고령 사회에 접어들고, 2050년에는 38.2%에 달해 세계 2위 수준(1위는 일본)에 이를 것으로 전망된다.

  이와 같이 빠르게 진행되는 인구고령화 현상은 핵가족화 진전과 연금시장 확대를 도래시키는 한편, 전체 소비구조에도 큰 변화를 불러일으키고 있다. 그 변화의 중심에 통크족이라는 신세대 노인층이 강력한 구매력을 바탕으로 최근 주요 소비 집단으로 급부상하고 있다. 실제로 이들은 경제력과 구매력을 바탕으로 자식들에게 의존하며 살아가는 전

통적인 노인 모습을 거부하고 자신들만의 새로운 인생을
추구한다.

1) 노인층 급증에 따라 '실버 비즈니스' 급성장 예상

이런 고령사회와 실버산업은 실과 바늘의 관계다. 아직
은 많은 부모가 자신을 위한 소비에 익숙하지 않지만, 급속
하게 진행될 의식의 변화는 노인들을 새로운 수요층으로
하는 실버 비즈니스의 급성장을 불러일으킬 것이다.

실제로 미국은 55세 이상의 인구가 무려 전체 금융자산
의 77%(저축의 55%)를 보유하고 있다. 이와 같은 경제력
을 바탕으로 고령자의 소비 비중은 전체 민간 소비의 30%
에 이르고 있으며, 전체 상업광고의 20% 정도에 고령자가
등장하고 있다. 세계에서 가장 먼저 초고령 사회를 맞게 될
일본에서도 최근 실버 비즈니스가 본격적인 성장기에 접어
들고 있다.

2) 관광 실버농업으로 개발 가능성이 입증된 블루베리

우리나라의 실버산업은 아직 초기 단계이나 발전 속도는
급속히 빨라지고 있다. 특히 2000년대 들어 고령화가 한국

사회의 핫이슈로 등장하면서 미래의 유망산업으로 실버마 켓에 대한 인식이 높아지고, 이를 실버 비즈니스로 연결하 기 위한 기업들의 움직임도 심상치 않다.

실제로 2006년 65세 이상이 전체 국민의 9.5%를 넘어서 며 고령화 사회 진입을 앞둔 우리나라는 최근 실버세대가 경제적 자립을 통해 소비 트렌드를 좌우하는 새로운 소비 주체로 자리매김하고 있다. 국내 실버마켓 규모는 2000년 17조원에서 2010년 41조원으로 급증할 것으로 예상되고 있다.

3) 고령소비자 겨냥하는 농촌대책 마련해야

여기서 베이비붐 세대가 65세 이상이 되는 2015년 이후 농촌을 상상해 보자. 65세 이상의 고령자가 주요 소비그룹 의 하나로 파워를 갖는 이 시기에 별다른 농촌대책 없이 이대로 간다면 농업이란 산업은 어떻게 될까?

고령화 사회의 도래는 많은 위협 요인을 내포하고 있으 나 기업들은 물론이고 농업에도 실버산업이라는 새로운 사 업 기회를 함께 제공하고 있다. 이제 노인층의 니즈를 충족 하는 산업이 살아남게 될 날이 먼 미래의 이야기는 아니다. 농업·농촌도 신세대 노인층을 향한 맞춤형 실버세대 마케팅 전략이 요구된다.

지금까지 주로 20~30대 젊은 층의 감각에 맞춘 농촌체험관광이나 농산품 마케팅 전략이 위주였다면 이제는 노인들의 감성과 트렌드를 적극적으로 활용할 수 있는 전략 마련이 필수적이라는 얘기다.

4) 노인층 위한 맞춤형 실버 푸드 개발해야

이를 위해서는 무엇보다도 먼저 노인층을 향한 맞춤형 실버 푸드가 많이 개발되어야 한다. 즉 기존 노인식과 달리 편리성·질감·맛·영양·포장·분위기까지 노인들의 취향에 맞아야 한다는 얘기다.

다음으로 농·식품가공은 노인층에 맞는 간편성이 강조되어야 한다. 최근 시장이 확대되고 있는 '신선편이 식품'이 이와 같은 추세를 반영하고 있다. 실제로 일본의 신선편이 식품 시장 규모는 해마다 큰 폭으로 성장하고 있다. 1999년 1조원(1,200억 엔) 수준이던 일본 신선편이 식품 시장 규모는 불과 6년 만인 2005년 2조 4,000억 원(3,000억 엔)으로 두 배 이상 커졌다. 이는 3,300억 원 수준인 국내 신선편이 식품 시장의 7배 가까운 규모다.

누구나 아침에 눈을 떠 잠자리에 들 때까지 수많은 먹을

거리를 끊임없이 선택하며 살아간다. 맛도 비슷하고 좋아하는 식품들이 있다면 소비자들은 과연 어느 식품을 고르게 될까. 바로 맞춤형 푸드, 간편성 제품을 선택할 것이다. 노인층에게 농·식품은 더더욱 그렇다.

이처럼 실버산업은 농촌의 새로운 동력이다. 우리 농촌도 고령사회에 부응하는 실버마케팅으로 농·식품의 부가가치를 높여야 할 때다.

34. 쑥부쟁이 닮은 주름살 많은 노모

설 연휴 때 고향집에 다녀왔다. 한 겨울에도 푸름을 잃지 않는 고향 대나무 숲은 '쑥부쟁이' 들꽃처럼 싱그러웠고, 황토와 작은 돌들이 층층이 쌓여 키 높이를 넘기는 담장 안에 잘 지어진 성당 건물이 아직도 남아 있다.

옛날 고향마루 고갯길은 밑이 안 보일 정도로 높은 지형이었지만, 지금은 확 뚫린 도로 덕분에 안마당 빨랫줄에 가득히 널린 후줄근한 작업복들이 멀리 고갯길에서도 잘 보였다. 오랜만에 보는 정겨운 풍경이었다.

고등학교 다니던 삼십여 년 전만 해도 오십 호가 넘던 마을은 이젠 열 가구 남짓으로 줄어들고 그나마 칠순이 넘는 할머니들이 대부분이다. 지금은 종교 부지로 지정된 성당 한 채와 10여 농가만이 고향의 맥을 잇고 있다.

1) 이렇게나마 고향이 남아 있어 다행스러워

마을길을 따라 즐비하게 늘어선 비닐하우스 때문에 얼핏 봐서는 여느 고향마을과 별반 다를 게 없는 풍경이지만 그 속내를 찬찬히 들여다보고 있으니 왠지 마을 구색을 억지로 맞춰 놓은 것 같은 느낌을 지울 수 없었다. 그래도 이렇게나마 남아 있다는 게 다행이라는 생각이 든다.

세월이 지나면 변하는 것이 많다고 했던가. 봄, 가을이면 들판에 오가는 사람이 넘치고 겨울이면 풍악소리 흥겹던 고향 속으로 빠져 들고 있는 순간, TV에서 설 특집으로 드라마 '쑥부쟁이'가 방영되었다.

본래 쑥부쟁이는 국화과의 여러해살이풀로 10~11월에 익는 노란 꽃술을 입에 문 연보랏빛 들꽃이다. 이 들꽃은 겨우내 흙 속에서 기나긴 밤을 고요하게 젖어 있다가 봄이 오면 봄날의 아지랑이와 더불어 새 영혼으로 태어난다.

봄, 여름을 햇볕 아래서 벗들과 실컷 놀다가 가을에는 노란 꽃으로 활짝 피어나 고추잠자리의 꽃방석이 되기도 하고, 잉잉대는 작은 날벌레들의 행복한 주막이 되기도 한다. 어디 예쁘지 않은 꽃이 있으랴만 갓 피어난 쑥부쟁이 꽃들이 바람을 타고 춤추는 모습은 참으로 보기에도 어여쁘다. 이런 '쑥부쟁이'는 우리 주변에서 쉽게 채취할 수 있고, 들녘에서 흔히 볼 수 있지만 신경을 쓰지 않으면 쉽게 지나쳐버리기 쉬운 들꽃이다.

2) 쑥부쟁이 닮은 노모 생각하니 가슴 저려

드라마 '쑥부쟁이'는 극중에서 갈수록 돈의 노예가 되어가고 있는 현대인들을 꼬집고 있다. 오랜만에 온 가족이 한 자리에 모이는 명절인 만큼 '가족'이라는 코드로 훈훈한 감동을 선물해 주었다. 쑥부쟁이를 닮은 주름살 많은 노모를 생각하자니 지금까지도 가슴이 저려온다.

본래 농촌의 들녘은 풍요와 자연이 마련해 준 나눔으로 가득하다. 들길을 걷노라면, 상큼한 실바람이 코끝을 스치고, 오곡의 숨소리가 가슴에 스며든다. 이런 들판에서는 쑥부쟁이를 흔히 볼 수 있어 지나치기 쉬운 만큼, 우리 부모님도 너무나 가까이 있어 그 소중함을 지나치기 쉽다. 평소 익숙해서 소홀하기 쉬운 부모님에 대한 이야기를 우리는 어떻게 받아들여야 할지.

요즘 TV를 보면 농촌의 전원생활과 구수한 일상을 다룬 프로가 꽤 있다. 하지만 자세히 들여다보면 자식은 도시에 출가하고 노인들만 서로 의지하며 농사를 짓고 있는 모습들을 발견할 수 있다. '내 고향 농촌의 정서'가 바로 그런 것일까.

60년대만 하더라도 농지를 일구는 사람이 대다수였다. 집의 울타리 안에 텃밭을 일구어 채소가 가득 차게 하였고, 논에서 88일 동안 정성으로 수확한 쌀을 감사하며 구수한 된장국에 밥알을 적시던 우리였다.

설 연휴도 끝나고 봄 농사를 준비할 때가 다가오고 있다. 2008년도에는 '쑥부쟁이'의 참된 의미를 생각하며, 그동안 쉽게 지나쳤던 농촌의 소중함과 부모님의 사랑을 한 번 더 돌아볼 수 있게 되기를 기대한다.

35. 슬로시티 운동, 왜 필요한가

직장문화가 많이 변했다. 하지만 아직도 대부분의 경우 능력이 시간 때우기보다 중요시되지는 않는다. 똑같은 과제를 남들보다 짧은 시간 안에 끝낼 만큼 영리하고 능력 있는 사람은 다른 일을 더 해야 하거나 또는 떠맡는다. 그래서 남들보다 빨리 일을 끝낼 수 있다는 사실을 숨기거나, 또는 아무리 찾아도 더 할 일이 없는 사람은 나머지 시간 동안 지겨운 권태감에 몸을 떨어야 한다. 사무실에 앉아 바쁜 체하면서 멍하니 시간을 때우고 에너지를 소모하며 활기를 낭비하는 것보다 더 나쁜 일이 또 어디에 있을까. 아무튼 이런 일상을 탈출할 수 있는 행복한 공간을 찾아 나서보자.

요즘 한류의 영향으로 세계인의 관심이 늘면서 한국 농·산·어촌을 찾는 현지인이 많아지고 있다. 유럽은 우리보다 한참 앞서 이런 일을 조직적이고 폭넓게 하고 있다. 60년대 이후 일관되게 추진돼 온 공동농업정책의 영향하에서 유럽의 농업과 농촌은 농업계를 중심으로 도시화와 산업화가 빠르게 진행되는 상황 속에서 새로운 사회적 요구에 부응하기 위한 노력을 부단히 전개해 왔다. 그 결과 정책적 지원과 사회적 합의가 바탕이 돼 도시와 농촌 간에 조화로운 상생관계가 형성되어, 농촌지역에 어메니티 자원을 기반으로 외국인 관광객을 끌어들이는 새로운 시장을 만들어 냈다.

1) 진안 능길 마을에서 농촌관광을 즐기고 있는 관광객들

특히 90년대 이후에는 농업활동에 관한 정의에서 매우 중요한 의미 변화가 진행되고 있다. 즉 재화 생산 중심의 농업활동에 대한 정의에서 점차 서비스 생산으로서의 농업활동에 중요한 의미를 부여하게 된 것이다. 농산물이라는 재화생산 중심의 농업활동에서 점차 농촌지역의 어메니티 자원을 활용한 농촌관광 활동 등 서비스 생산 활동에 주목하고 있는 것이다. 이른바 서비스농업의 대두가 그것이다. 이 같은 서비스 농업의 밑바탕에는 슬로시티 운동이 자리하고 있다.

슬로시티 운동은 바쁜 도시생활과 반대되는 개념으로 공해 없는 자연환경 속에서 지역의 먹을거리와 고유의 문화를 느끼며 인간다운 삶을 되찾자는 느림의 미학을 추구하는 운동이다. 슬로시티는 현재 문명을 거부하고 과거로 회귀하자는 이념이 아닌 보다 인간적인 삶을 추구하자는 데 있다. 1999년 10월 15일 이탈리아의 오르비에토에 그레베인 키안티, 브라, 포시타노 등 슬로푸드 운동을 벌이고 있는 네 도시의 시장이 모여 슬로시티를 선언했으며, 이탈리아 55곳, 영국·스페인 8곳, 독일 5곳, 폴란드·포르투갈 4곳, 노르웨이·벨기에 3곳, 오스트레일리아 2곳, 뉴질랜드 1곳 등 총 10개국 93개 도시가 인증을 받았다.

외국 유명 관광지의 풍경 못지않은 마을이 한국에도 많다. 천혜의 경관을 자랑하는 평창 수림대마을.

슬로시티국제연맹은 지난해 12월 1일 이탈리아 그레베인 키안티에서 열린 총회에서 담양군 창평면, 장흥군 유치면, 신안군 증도면, 완도군 청산면 등 대한민국 4개 지역을 슬로시티로 지정했다. 그 결과 총 11개국 97개 도시가 인증을 받게 된 셈이다.

슬로시티 국제연맹본부의 현지답사를 거쳐 일정 기준을 통과해야 슬로시티 인증을 받을 수 있다. 가입 조건은 우선 고유의 전통문화와 토착음식이 있어야 하며 유기농과 특산품 및 공예품을 자체 생산하고 자연환경이 잘 보존돼 있음을 전제로 한다. 일단 가입이 되면 세계 100여 개 도시와 글로벌 네트워크가 형성되면서 지역 자원의 브랜드화가 가능하고, 이를 관광 상품과 연계할 경우 주민 소득 향상에도 큰 도움이 된다.

한국 농·산·어촌은 유럽의 슬로시티에 못지않은 천혜의 경관, 휴양자원, 역동적이고 짜릿한 체험거리가 줄줄이 늘어서 있고, 다양한 컨셉트로 여행을 즐길 수 있는 대표적인 관광지가 많다.

이번 기회에 한류열풍과 매력 만점인 우리나라 체험관광 상품을 결합한 슬로시티 운동을 추진해 외국 관광객을 유치하는 적극적인 대책을 강구해보자.

36. 유럽의 '농촌체험 휴가' 벤치마킹을

　고유가와 환율 상승의 부담 속에서도 내국인의 해외여행은 전년 동기 대비 1.5%가량 증가했다. 수출을 해 외화를 벌면 상호주의와 글로벌시대에 걸맞게 어느 정도는 써도 된다지만 요즘의 세태는 그 분수가 지나치다는 느낌이 든다. 국내에 휴가지가 없는 것도 아닌데 무작정 해외로 나가야만 진정한 휴가인 것처럼 생각하는 분위기가 문제다.

　유럽의 휴가 풍속도는 다르다. 대개 여름방학과 여름휴가 기간을 이용한 교육 여행이 많은데, 이들 나라는 우리보다 한참 앞서 휴가문화나 농업형태를 도·농 상생운동 쪽으로 조직적이고 폭넓게 전환했다.

　산촌 유학 프로그램이나 그랜드투어(Grand Tour)를 가능케 한 체계적인 체험학습장 등이 바로 그것이다. 특히 독일·일본·러시아 등은 일찍부터 소규모 농업생산 공간을 조성해 일상생활에서 농촌을 가까이 하는 것을 중시해 왔다. 독일 클라인가르텐 400만 개소, 일본 시민농장 15만 3,000개소, 러시아 다차 3,200만 개소가 그것이다.

농·어촌 경제가 무척 어렵다. 이럴 때 국민이 애정을 갖고 꾸준히 농·어촌을 찾아 준다면 큰 도움이 될 것이다. 정부와 관계기관도 농·산·어촌관광 육성사업에 투자와 지원을 아끼지 말아야 한다. 본격적인 휴가철이 시작되고 있다. 이번 여름에는 농·어촌 삶의 현장으로 휴가를 떠나 보는 것은 어떨까. 아이들 교육에도 좋고, 어려운 농·어촌 경제를 도울 수 있는 일거양득의 효과가 있다면 충분히 가치 있는 일이라고 생각한다.

37. 국가보호 필요한 '식량자급'

애그플레이션이 세계를 불안케 하고 있다. 농업과 인플레이션의 합성어인 이 애그플레이션은 농산물 상품의 가격이 오르면 일반 물가도 덩달아 오르는 현상이다.

최근 밀 가격이 1년 새 두 배 이상 오르고, 옥수수는 지난 3개월 사이에 40%, 설탕은 1년 동안 36%가 올랐다. 이처럼 국제농산물 가격이 줄줄이 급등하고 있는 가운데, 특히 우리나라 같은 경우에는 농산물 수입 의존도가 워낙 높기 때문에 걱정이 이만저만이 아니다.

더 큰 문제는 주요 곡물의 수급 불안으로 수출을 제한하는 국가가 늘어나고 있다는 사실이다. 이런 수출제한 조치의 확산이 식량 부족으로 이어질 것은 자명한 일이어서, 자칫 비싼 돈을 주고도 곡물을 살 수 없는 상황을 초래할 수 있다.

현재 농업인구 330여만 명(전체 인구의 6.8%) 중 65세 이상의 노령인구의 비중이 30%인 100만 명이 넘고 30세에서 60세 이하의 농업인구는 130만 명도 안 된다. 그렇다면 10년 후의 농업인구는 어떻게 될 것인가. 자연적으로 고령인구가 농업활동에서 손을 놓게 되는데 도시에서 농촌으로의 이농이 대규모로 이루어지지 않는다면 전체 인구의 4% 이하로 줄어들어 실제 농업에 종사하는 인구는 100만 명 이하의 시대로 접어들게 될 것이다.

농업은 사양산업이라고 한다. 농촌의 미래에 희망을 걸 수 없다면 빨리 포기하는 것이 좋다는 주장도 제기되고 있다. 문제는 시장실종, 미래에 대한 기대실종, 농가들의 자신감 실종 등 이른바 3대 위험 증상이다. 소득은 점점 줄고 올해는 농약 값, 비료대가 천정부지로 올라 농업 포기 농가가 속출할 것 같다.

우리의 곡물자급률은 27%로 낮다. 하루 세 끼 식사 중 한 끼도 국내 농산물로는 해결이 어렵다. 더구나 쌀을 제외한 곡물자급률이 5% 정도여서 전 분야의 곡물을 수입에 의존하고 있다. 따라서 주요 곡물가격 상승은 한국 경제에 치명타가 될 수밖에 없다. 극단적으로 말하면 식량을 무기화해 식량전쟁이 일어날 가능성을 배제할 수 없는 상황이다. 식량안보의 중요성은 더욱 강조되어야 한다. 4000년 전 사마천은 사기에서 '농업은 사양산업이기 때문에 국가가 보호하지 않으면 안 된다.'고 했다. 식량자급률 제고대책이 시급하다.

38. 라벤더 향기와 요리를 팝니다

곧 있으면 섬진강에는 매화 강이 흐르고 버들강아지와 노란 유채꽃이 봄 집을 지을 것이다. 하지만 정작 우리 입으로 들어갈 먹을거리를 책임지는 농촌은 지금 깊은 절망에 빠져 있다. 농사는 밑지기 일쑤고, 세계무역기구와 한미 자유무역협정의 파고는 속절없이 밀려오는 사면초가의 형국이다.

그러다보니 젊은이들은 농촌을 떠나고 농촌은 영세 고령 농화하고 있다. 세 명 중 한 명은 65세 이상 노인이다. 쇠약한 노인들에 의존해 농촌의 명맥이 이어오는 셈이니, 그래서 농업이 어렵다고들 한다. 이를 반영하듯 농촌의 미래에 희망을 걸 수 없다면 빨리 포기하는 것이 좋다는 주장도 솔솔 제기되고 있다. 이른바 시장실종, 미래에 대한 기대실종, 농가들의 자신감 실종 등 이른바 3대 위험증상이다.

1) 섬진강변은 온통 매화로 눈꽃을 피울 것이다.

여기에다 쌀은 충분하다고 하는데, 곡물자급률은 현재 27%로 턱없이 낮은 실정이다. 많은 음식물을 먹는데 하루 3끼 식사 중 한 끼만이 국내생산 농산물이고, 두 끼는 수입농산물이라는 뜻이 아닌가, 그렇다면 식량이 남는다고 자랑할 일도 아닌 것 같다. 통일한국의 식량자급률은 몇 퍼센트일까. 통일한국의 식량문제는 어떻게 해야 할 것인가. 우리는 '식량생산은 산술급수적이고 인구증가는 기하급수적이다.'라고 배워왔다. 더욱이 인류사회에 식량부족은 필연적으로 발생할 것이라고 했다.

우리의 경우 쌀을 제외한 곡물자급률이 5% 정도여서 전 분야의 곡물을 수입에 의존하고 있다. 따라서 주요 곡물가격 상승은 한국 경제에 치명타가 될 수밖에 없다. 오늘의 농촌을 두고만 볼 수 없는 이유가 여기에 있다. 사망진단이 내려지기 전에 인공호흡을 해서라도 활력을 불어넣어야 한다. 어떻게 하면 농촌을 살릴 수 있는가. 출발점은 농촌에 희망을 불어넣는 현실적 방안을 모색하는 데서 비롯돼야 한다.

몇 해 전 일본 고꼬노에읍(九重町)의 라벤더 농원에 갔다. 이 농원은 라벤더 향기와 요리를 동시에 파는 비즈니스가 돋보였다. 농원에서 재배된 '라벤더'를 팔고 이를 구경

하러 온 도시인들에게 그 향기와 요리를 제공하는 것은 농업의 종합산업화가 아닌가 하고 짐작되었다. 식량만 생산하는 것이 농업이 아니라 도시인에게 향기와 즐거움, 평온함을 제공해주는 것도 훌륭한 농업의 한 형태인 것 같았다.

또 농원 입구에 있는 낙농업 목장은 그 지역의 자연경관과 함께 서양의 목장을 연상케 하여 관광객에게 인기가 있다. 이를 이용하여 직접 짠 신선한 우유로 각종 아이스크림을 직접 제조·판매함으로써 도시 소비자에게 가장 맛있는 아이스크림을 제공할 수 있다고 한다. 주말에는 100만 엔 이상의 매상을 올린다는 설명이다.

2) 일본 고꼬노에읍(九重町)의 라벤더 농원의 꽃.

통나무집에서 손수 생산한 유기재배 농산물만으로 각종 요리, 빵, 케이크를 제조·판매하는 한 젊은 농가는 비록 판매액이 소규모이고 찾아오는 손님이 그리 많지는 않지만, 자기가 직접 재배·제조·제공하는 식품을 많이 먹고 즐거워하는 소비자들의 모습을 보는 것이 더할 나위 없는 즐거움이라고 이들은 설명한다.

이제 농업이 힘들다거나 재미없다고 하는 이야기는 그만해야 할 때이다. 아무리 불평한다고 해도 해결될 일이 아니기 때문이다. 농업의 밝은 모습, 아름다운 모습도 많이 있다. 이를 발견할 수 있는 신농업관을 가져야 할 때이다.

우리의 농촌에는 극소수이지만 지역에 따라서 밝은 모습이 서서히 나타나는 것도 사실이다. 조금 있으면 섬진강변은 온통 매화로 눈꽃을 피울 것이다. 그리고 바로 벚꽃과 배꽃이 그 뒤를 이를 것이다. 머지않은 장래에 우리의 농촌에도 매화의 향기와 요리를 동시에 파는 농업의 고차산업화의 활성화를 기대해본다.

39. 마을 디자인, 청정 이미지상품 키우기부터

요즘 지역 농촌공간의 질을 높이기 위한 재창조작업이 한창이다. 이미 선진국 농촌에서는 오래전부터 경험했고, 지금은 농촌지역의 활성화를 끌어내는 성장 동력의 큰 흐름으로 자리 잡고 있다.

이런 농촌지역의 재창조작업은 지역별로 갖고 있는 잠자는 가치와 고유자원을 활용하여 당면한 농촌지역의 문제를 극복하면서 아름답고 쾌적한 농촌 마을을 다시 디자인하는 데 있다.

1) '마찌츠구리' 운동, 일본 농촌에 새로운 활력

일본의 경우 1970년대부터 다양한 '마찌츠구리(마을 만들기)' 운동이 전개돼 왔다. 우리에게 널리 알려진 '일촌일품'

운동도 그런 운동의 일환이었다. 30여 년간 추진해 온 '마찌츠구리'는 일본 농촌 마을에 새로운 활력을 불어넣고 있다.

일례로 후쿠오카시에서 차로 한 시간정도 달리면 우키하(浮羽町)라는 곳이 나온다. 도시 근교 농촌인 우키하의 가장 큰 성공 요인은 우키하의 청정 이미지 때문이다. 우키하는 각 마을마다 자원의 특성에 맞는 사업을 추진하되 이를 연계시켜 시너지 효과를 창출하기 위해 거점 시설을 조성했는데, 이것이 '미찌노에키 우키하'이다. 미찌노에키는 문자 그대로 국도휴게소를 의미한다. 건설성이 운전자의 휴식 공간 제공, 지역 정보 제공 그리고 지역 발전을 위해 1987년부터 추진하고 있는 정책사업으로 미찌노에키 우키하는 농·특산물판매소, 관광안내소, 향토음식점, 문화재 전시관 등의 시설로 구성되어 있다. 운영은 행정, 농협, 삼림조합, 상공회, 관광협회가 5억 원을 출자하여 설립한 제3섹터 '우키하노사토'가 맡고 있다. 특히 농·특산물판매소는 500여 지역 농가와 계약을 맺고 농가가 생산한 신선한 농산물을 판매하는 곳이다.

2) 청정이미지 디자인이 바로 가치다.

다른 지역의 미찌노에키도 환경농법으로 생산되므로 청

정 농산물 그 자체만으로는 경쟁에서 이길 수가 없다. 중요한 것은 농산물이 생산된 지역의 청정 이미지 우키하는 계단식 논 보전, 오너제도와 탐방행사, 반딧불 축제, 산림청의 수원의 숲 백선에 선정된 폭포공원, 환경청의 명수백선에 선정된 청수용수 등을 활용하여 마을의 청정 이미지 상품을 가꾸고 있다.

우리나라도 최근 농림수산식품부 등 다양한 부처에서 마을을 단위로 지역농촌 재창조를 위한 농촌관광 관련 정책사업을 추진하고 있다. 관련 부처의 정책사업 간 중복에 대한 비판도 있으나 농촌 문제가 한 부처만의 소관 사안은 아니라는 점에서 오히려 여러 부처의 참여가 긍정적인 면이 많다. 또한 인적, 물적 토대가 빈약한 마을 수준에서 실제로 자율적으로 할 수 있는 것의 한계는 분명하다는 지적도 있지만 가시적 성과를 내고 있는 마을도 출현하고 있다.

3) 포도, 앵두, 산딸기 등을 모두 청정이미지 상품으로 디자인해보자.

거제도의 외도는 단 두 사람(이창호, 최호숙 부부)의 노력에 의하여 매년 천억 원 이상의 경제효과를 가져오고 있고, 광양 홍쌍리 청매실 농원은 일가족이 30년 넘게 노력한 결과 매년 200억 원 이상의 경제시너지를 올리고 있다. 보성의 대한다원은 이름 없는 산골짜기에 차나무를 소재로 정원처럼 수려하게 조성하여 매년 200만 명 가까운 관광객들을 유치하고 있다. 함평은 나비축제를 통해 2007년 관광객이 100만 명이 넘어섰고, 경제효과만도 80여억 원에 달했다. 여기에 청정이미지 가치가 더 커지고 가꾸어진다면 경제적 효과는 기하급수적으로 늘어날 것이다. 이처럼 마을의 청정이미지 키우기를 기초로 소중한 역사·문화·생태자원을 가꾸어 나간다면 일본과 같은 숱한 성공사례를 마을별로 창조해 나갈 수 있을 것이다.

그런 의미에서 '마을 청정이미지 키우기'는 바로 '살기 좋은 마을 만들기'를 위한 재창조작업이다. 포도, 앵두, 산딸기 등 제철농산물은 물론이고, 당장 지천에 널려있는 들꽃, 산수유, 진달래, 철쭉, 상사화, 벚꽃, 연 등을 모두 청정이미지 상품으로 디자인할 수 있는 대책을 강구해보자.

40. 농촌다문화가정도 사회 일원으로
감싸주기

'홀트(Holt)'라는 사람의 이름을 딴 아동복지재단이 있다. 홀트는 한국동란 당시 미국의 펜실베이니아 농부였다. 6. 25동란으로 많은 고아들이 속출하자, 본국의 농장을 팔고 우리나라에 건너와서 부모가 전쟁 속에 모두 죽은 고아들을 모아 대신 부모노릇을 한 거룩한 사람이다.

1) 다문화가정에 장미향기 같은 사랑을

이때 '살겠다' 싶은 아이는 모두 병원으로 보내어 치료하고 '죽을 것 같다' 싶은 아이들은 '홀트 부부'가 직접 곁에 두고 끌어 안아주고 기도해 주고 보살펴 주어 죽음에 다다

르기까지라도 사랑을 받다가 죽도록 해 주려고 했다. 그런
데 병원으로 간 아이들은 상당수가 죽고 어루만져 사랑한
'죽을 아이들'이 오히려 회생하여 대부분 살아남았다고 한
다. 사랑이 생명이라는 말이 가슴에 와 닿는다. 게다가 '장
애인의 어머니'라고 불리는 말리 홀트 여사는 홀트아동복
지회의 설립자인 해리 홀트와 버다 홀트의 딸로 결혼도 안
한 채 부모님의 뜻을 이어받아 한평생 사랑을 실천하고 있
는 중이다. 이런 '홀트 사랑'이 작금의 우리 농촌에 긴급
수혈되어야 한다.

현재 농촌지역에는 농촌총각 40%가 이주여성들과 결혼
하고 있으며, 2010년에는 농촌초등학교 입학생 50%이상이
이들 자녀가 될 것으로 전망되고 있다. 2007년 한 해에만
전체 국제결혼 중 28.9%에 해당하는 8,088건이 농촌의 읍
면지역에서 이루어졌고, 농림·어업에 종사하는 남성들의
40%가 외국인 여성과 결혼했다. 특히 전국 '한국 남+외국
여' 부부 10쌍 가운데 1쌍은 남편의 직업이 농·어업으로,
국제결혼에서 농·어민의 비중이 컸다. 전북과 전남의 경
우 각각 이 비율이 28.0%, 33.9%로 절대적이었다.

한국 남자와 외국인 여자의 결혼은 대체로 몇 가지 특징
을 지닌다. 첫째가 농·어촌지역에 정착하는 경우가 대부
분이라는 것. 둘째, 나이 차이가 좀 있다는 것. 셋째, 중국
과 동남아시아 지역에서 오는 신부가 많다는 것 등이다.

2) 다문화가정에 사랑의 빛을 비추어 봅시다.

이제 농촌지역의 다문화 가정 문제는 개인이나 가족차원 뿐만 아니라 농촌 지역사회 차원에서도 매우 중요한 의의를 지니고 있다. 특히 중요한 것은 한국 남자들과 결혼하는 외국인 여성은 자기 꿈을 갖고 삶을 개척하기 위해 이주한 여성이기 때문에 이제 이들이 농·어촌을 지키고 이끌어 나갈 핵심인력 중의 하나라는 인식을 정립해 주어야 한다는 것이다.

그리하여 농촌 이주여성들을 여성농업인으로 인정하고 앞으로 이들이 농업 농촌의 미래를 열어 갈 인적자원으로서의 역량을 발휘하고, 지니고 있는 잠재력을 발휘할 수 있도록 프로그램을 개발해야 한다.

아울러 이들에게서 태어나는 2세들의 상당수는 부모의 낮은 경제력과 사회적 지위, 언어, 문화의 차이에서 오는 혼란 등으로 학교 교육에서 문제점을 드러낸다고 한다. 이를 위해 농·어촌과 소외 지역 교회가 하나 둘 다문화가정의 '사랑방'으로 자리잡아가고 있다는 아름다운 소식도 들려오고 있다.

충남 새홍성교회가 운영하는 홍성 이주민센터는 홍성군 내 다문화가정을 네 곳 중 한 가정 꼴로 돌보고 있다. 비자발급 기준으로 볼 때 200가정 정도가 군내 다문화가정으로 추정되는데, 매주 40여 명이 한글학당 강습센터를 찾아온다고 한다. 이주여성지원센터를 운영 중인 전북 순창 벧엘교회는 실용적인 프로그램으로 지역 결혼이주민들로부터 각광받고 있다. 한글수업의 경우 동요 '과수원길'을 배우고 '과수'에 해당하는 사과나무, 배나무, 감나무에 대해 공부하는 방식이다. 매주 두 차례 열리는 음식수업은 한국음식과 외국음식을 번갈아 만든다. 이렇듯 교계는 이들 교회를 모델로 다문화가정 사역에 힘을 모으는 분위기다.

우리가 이들을 포근히 감싸 나가지 못하면, 결국 심각한 사회문제로 커질 위험이 있다. 따라서 일부 농·어촌 교회들이 다문화가정 사역에 힘쓰듯 펜실베이니아 농부, 홀트 부부의 사랑이 진정 필요한 때이다. 그리하여 농촌의 다문화가족은 과소화·고령화된 농업농촌의 미래를 이끌어갈 중요한 집단으로 인식되어야 하며, 그들에게는 생활 적응뿐만 아니라 농업기술, 사회참여를 지원하는 체계적이고 지속적인 서비스 시스템이 제공되어야 한다. 앞으로 우리 모두가 이들을 상호 존중하며 합리적 사고와 충분한 대화를 통해 건전한 공동체 일원으로 보듬어 나가야 할 때다.

41. 고령화 시대, 고가 건강식품이 시장 주도

강남의 대기업 계열 정유회사에 다니는 대리 3년차의 정우근(32) 씨. 내년쯤 2년간 교제해 온 여자 친구와 결혼을 계획하고 있는 정 씨는 재빨리 점심을 먹고 의자에 기대 50세의 자신을 상상하고 있다.

초등학교를 다니는 첫째 딸 예림이의 유학과 둘째 딸 예원이의 국제학교 입학을 고심 중이다. 부모님은 가까운 대전 근교의 실버타운에 계시기 때문에 주말마다 어렵지 않게 찾아뵙고 있다.

42세에 회사를 퇴직하고 창업한 먹을거리 전문점이 그럭저럭 수익을 올리고 있어 사는 데는 불편함이 없다. 월 수익 700만원에 최근 분점 문의도 잇따르고 있어 잔뜩 기대가 부푼 상태다. 자녀들의 교육비로 200만원, 부모님 생활비로 100만원이 들어가지만 이것저것 제하더라도 100만원

그 이상의 저축은 꾸준히 하고 있다.

집에 들어가면 예원이의 재롱을 와이프와 감상할 생각에 미소가 절로 지어진다. 마냥 행복한 상상을 하던 정 씨는 마음을 다잡고 책상 앞에 앉아 다음 주에 올릴 보고서 작성에 열을 올린다.

정 씨가 상상하는 2026년에는 그의 꿈대로 넉넉한 생활을 누릴 수 있을까? 정 씨가 간과한 사실은 자신이 50세가 되는 해에 65세 이상의 노년 인구가 전체의 1/5 이상을 차지한다는 사실이다.

2월 28일 통계청이 발표한 2007년 한국의 사회지표에 따르면 65세 이상의 고령인구가 급속도록 증가해 15～64세의 경제활동인구 100명이 부양해야 할 노인 수가 1997년 9명에서 2007년 14명으로 증가했다.

14세 미만 인구 대비 65세 이상의 인구 비중을 나타내는 고령화 지수는 28.6에서 55.1로 2배 가까이 늘어 고령화 시대의 진입이 가속화 됐음을 증명했다. 세계에서 최고 수준의 고령화 진입속도다.

특히 2026년에는 총인구 4,904만 명 가운데 65세 이상의 노인 인구는 무려 1,022만 명까지 늘어날 것이라는 전망이다. 노년부양비가 현재 100명당 14명꼴에서 31명까지 증가할 것으로 보인다.

따라서 미래 사회가 되면 정 씨는 더 많은 사회부담금을 내야하고 더 높은 수익을 얻을 수 있는 직종을 선택해야 한다. 실버산업이 주목을 받는 이유도 이 때문이다.

1) 인기 있는 실버산업군은?

실버산업(고령친화산업)으로 주목을 끌 산업군은 무엇일까? 삼성경제연구원의 자료에 따르면 고가의 건강식품이 인기를 끌고 있으며 앞으로 쌀, 쇠고기, 생선 등 유기농제품이 시장을 주도할 것으로 전망하고 있다.

전성군 농협중앙교육원 교수는 "노인층에 맞는 식품 산업군이 일본은 2005년 2조 4,000억 원을 기록할 정도로 시장이 성장했다."면서 "기능성·친환경·품질인증을 갖춘 농산물이 탄생한다면 농촌경제의 새로운 원동력이 될 것"으로 전망했다.

전 교수는 이를 위해 '비용·전문성·홍보'라는 요건을 갖춰 지속 가능한 산업으로 육성시켜야 한다고 조언했다.

은퇴 이후 별장을 구입하거나 주택 리폼 지출이 증가해 건자재나 가구시장도 주목을 받을 전망이다.

가정용 의료기 산업도 급속도의 성장을 가져올 것으로 보인다. 현대경제연구원이 발표한 고령화시대 5대 산업 트렌드 보고서에 따르면 보건의료분야의 소비 지출이 2020년에는 1조 687억 원에 이를 것으로 내다보고 있다.

2) 식음료 중견기업 사업성 분석 중

기업 차원에서 실버산업 진출을 고심하고 있는 곳은 단연 식음료업체다. 우선 웅진식품은 음료사업에서 한 발 후퇴하는 대신 건강식품에 이은 실버산업 진출을 모색 중에 있다. 사업 방향은 웅진그룹의 강점인 렌탈을 살려 의료침대나 의료기구 등 복지용구 대여사업으로 가닥을 잡았다.

비락식품과 파스퇴르유업을 인수했던 한국야쿠르트는 기업의 성장 동력으로 실버산업을 눈여겨보고 있다. 병원 진출을 고민하기도 했지만 최근 헬스케어를 염두에 두고 준비 중에 있다.

중소기업의 성장세도 눈에 띈다. 보건·의료분야에서 연일 매출 기록을 세우고 있는 누가의료기는 지난해 1,200억 원의 매출을 기록한 데 이어 올해 1,500억 원의 매출을 목표로 하고 있다. 대표 상품인 누가베스트는 지압에서부터 뜸, 마사지 등 동·서양 의학을 접목시켜 만든 제품으로 집에서 간편하게 물리치료를 할 수 있도록 고안했다.

최근 흑자 전환에 성공한 솔고바이오메티칼도 가정용 의료기기 등 헬스케어 사업군을 강화하겠다는 방침을 세웠다.

42. 일(日) 농가 소득증대 운동 본받자

공공재와 시장재의 연동은 도·농 상생을 촉진한다. 하지만 그간 농정은 농촌의 공공재와 시장재를 결합하는 노력이 부족했다. 이제는 이를 적극적으로 결합·발전시켜야 한다.

그런 의미에서 일본 오이타현의 'NPC(New Plum and Chestnut, 새로운 매실과 밤) 운동'을 되짚어 볼 필요가 있다. 1961년 오이타현 오야마정에서 시작된 이 운동은 당초 '꿈의 하와이 여행'을 하자며 이를 캐치프레이즈로 내걸고 주민을 설득했다. 예컨대 주민들은 가난한 산촌지역의 경제 활성화를 위해 매실과 밤나무를 심었다. 매실과 밤을 수확해 지역경제도 살리고 주민 모두가 하와이로 해외여행을 가자는 것이 주민들의 목표였다.

오야마정의 특산품은 밤과 매실이다. 그러나 이 특산품은 전통적으로 내려오는 전통상품을 상품화한 것이 아니라 체계적인 시장 조사와 현지 토양 검증을 거쳐 집중 육성하기로 결정하고 밀어붙인 기획생산 품목이다. 이 지역 농민들은 대형 소비시장에 대한 면밀한 분석 결과를 바탕으로 아직 대중화하지 않은 미개발 과일을 찾아내기 시작했다. 즉 밤과 매실을 주축으로 하고 포도, 배, 은행, 버섯류, 고사리, 고추, 부추 등 다양한 작물을 소량·고급으로 생산했다. 현재는 하이테크 농업에 도전해 미국 NASA(항공우주국)의 시스템을 갖춘 클린 룸에서 나는 인삼, 아스파라거스 등을 재배하고 있다.

NPC 운동이란 명칭은 이래서 붙게 되었다. 1965년 주민들의 하와이 여행이 실현됐다. 결국 매실과 밤으로 하와이를 다녀온 셈이다. 당시 NPC 운동은 1957년 당시 가구당 연소득 17만 엔 수준이던 이 지역 농가의 소득을 8년 만에 100만 엔까지 끌어올렸다. 이 마을의 성공 요인은 공공재와 시장재를 적극적으로 연동 개발한 덕택이었다.

특히 NPC 운동이 2차 인재 양성 운동과 3차 주거환경 만들기 운동으로 명칭을 달리하면서 계속된 것을 봐도 이것이 단순한 소득증대 차원이 아니라는 점을 알 수 있다. 즉 2차 NPC 운동이 인재 양성과 사회교육 운동이었다면 3차 NPC 운동은 그간의 성과를 바탕으로 주민들이 이농할 걱정 없이 살아가는 환경공동체를 만드는 운동이었다. 게다가 엄격한 품질관리 기법도 무시할 수 없다. 향토 특산품은 가격이 다소 비싸더라도 품질에 대한 확고한 믿음을 도시 소비자에게 심어주는 것이 요체라고 판단하고 가공식품 첨가물에까지 세심한 관심을 기울였다. 첨가물로 설탕을 사용하지 않고 반드시 꿀이나 포도당을 사용해 농촌다운 제품이라는 신뢰를 쌓아 나가는 데 정성을 쏟았다. 그 결과 높은 농가소득과 문화생활을 누리며 상호 인정을 베풀고 있는 오야마정 마을에 도시 여성들이 역류해 들어오고 있으며 농가소득도 웬만한 도시지역보다 높다. 행정에 의존하지 않고 주민 스스로 창조적인 발상의 대전환으로 성공을 거두게 됐다.

오이타현의 NPC 운동이 성공할 수 있었던 까닭은 운동 목표를 단순히 소득증대에만 국한하지 않고 운동의 지평을 지역 인재 육성과 생활문화 운동 차원으로 넓혀 마을부흥 프로그램으로 정착시켰기 때문이다. 이처럼 농촌의 공공재와 시장재의 연동 개발은 농촌자원 복·융합을 활성화해 두세 배의 부가가치를 창출한다.

이런 사실은 최근 1사 1촌 운동이 번지고 있는 한국 농촌사회에도 적지 않은 교훈을 던져준다. 한 단계 업그레이드된 마을부흥 프로그램으로 정착될 수 있기를 기대해본다.

43. '일석이조' 경관작물 재배

흔히 21세기를 문화의 세기라고 한다. 이에 걸맞게 올해 전국에서 1300여 개의 크고 작은 축제가 열렸거나 열리고 있다. 이는 지난해보다 1200여 건이 증가했고, 해가 갈수록 증가하는 추세다. 그런데 이 중 지역별로 유사한 축제가 많아서 참가 방문객 수가 1000여 명에도 못 미치는 이름뿐인 축제도 많다.

그런 의미에서 전남 함평의 나비축제와 국화축제의 사례는 본보기가 된다. 함평군은 관광자원이 거의 없는 열악한 지역 여건에서도 봄철에는 생태관광 함평 나비축제를 펼치고, 가을에는 국화꽃 대전을 기획하여 매년 200만 명의 관광객, 100억여 원의 직·간접 소득을 올리고 있다. 게다가 올해부터는 세계 나비·곤충엑스포를 개최하는 등 무에서 유를 창출하는 함평 천지의 기적은 멈추지 않고 있다.

강원 평창 봉평면은 작년에 70여만 명이 방문하여 80여억 원의 소득 파급효과를 가져왔다. 경남 함양군은 하고초(꿀풀)를 핵심테마로 개발해 축제기간 중 연간 총 매출액(2억 8,000만원)의 25% 이상을 판매했다. 경남 남해의 두모마을은 경관작물로 재배하는 유채와 메밀을 가공·판매하는 등 마을 관광소득이 경관보전직불제 시행 전보다 6배 이상 증가했다. 이렇듯 2005년에 시작된 경관보전직불제는 농촌에 아름다운 경관작물의 재배를 확대하고 지역 축제와 농촌관광을 활성화하는 데 큰 기여를 하고 있다.

경관보전직불제란, 농지에 유채·메밀·꽃 등 경관을 좋게 하는 작물을 재배하는 농가에 ha당 경관보전직불금을 지급하는 제도다. 현재 동계 작물인 보리·밀·유채 등에는 100만원, 하계작물인 메밀·해바라기·코스모스 등에는 170만원을 지급하고 있다.

한국농촌경제연구원에 따르면, 경관작물 식재 후 지역축제가 확대되고 지역별로 1.25배에서 150배까지 도시민 방문객이 증가했다고 밝히고 있다. 파주시 돌곶이 꽃마을 축제는 경관보전직불제 시행 전에는 방문객이 200명 안팎이었으나 시행 후에는 50만 명으로 대폭 늘었다. 이렇게 지역축제를 찾는 관광객이 늘다 보니 숙박과 음식 판매로 인한 소득 파급효과도 높다. 또한 지역별로 봐도 경관작물을 원료로 농·특산물과 가공품을 개발해 지역 브랜드 이미지를 높이는 효과도 커졌다.

몇 해 전 일본 고코노에읍(九重町)의 라벤더 농원에 갔을 때 일이다. 이 농원은 라벤더 향기와 요리를 동시에 파는 비즈니스가 돋보였다. 농원에서 재배된 라벤더를 팔고 이를 구경하러 온 도시인들에게 그 향기와 요리를 제공하는 것은 농업의 종합산업화가 아닌가 하고 짐작되었다. 식량만 생산하는 것이 농업이 아니라 도시인에게 향기와 즐거움, 평온함을 제공해주는 것도 훌륭한 농업의 기능인 걸 확인했다.

또 농원 입구에 있는 낙농업 목장은 그 지역의 자연경관과 함께 서양의 목장을 연상케 해 관광객에게 인기가 있다. 이를 이용하여 직접 짠 신선한 우유로 각종 아이스크림을 직접 제조·판매함으로써 도시 소비자에게 가장 맛있는 아이스크림을 제공할 수 있다고 한다. 주말에는 100만 엔 이상의 매상을 올린다는 설명이다.

이렇게 경관작물과 체험관광을 연결시킨 지역축제는 무궁한 가능성을 지니고 있다. 세계에서 유명한 농촌지역 축제들은 그 지역홍보에 큰 역할을 할 뿐 아니라 그 지역의 가장 큰 수익사업이자 문화사업이 되기도 한다. 이를 위해 우선, 사업면적 및 지원 대상 작물의 대폭 확대는 물론 재배지 주변 탐방로 조성에도 힘써야 한다. 다음 단계로 경관보전직불제의 범위를 단순한 유채 등의 농작물에서 다랑논과 돌담 같은 문화적 경관으로 확대해야 한다.

44. 자연순환농업의 전제조건

　　최근 '자연순환농업'이란 말이 농촌현장에서 유행이다. 자연순환농업은 가축분뇨를 퇴비나 액비로 자원화해 경종 농가에 환원하고, 경종농가는 가축분뇨 퇴비나 액비를 활용해 농산물을 생산해 다시 축산업에 필요한 사료자원 등을 제공하여 자원이용을 극대화한 활동방식이다. 축산농가, 경종농가 둘 다 시너지를 내는 게 바로 자연순환농업이다. 현재 식량증산을 위한 화학비료의 과다한 사용으로 인한 토양의 노화, 생산비용의 증대 등과 같은 문제점을 극복하기 위해 여러 지역에서 순환농업을 시도하고 있다. 일부 지자체의 경우, 자체 실정에 맞는 프로그램 및 기술개발의 어려움 속에서도 이 같은 '자연순환농업'을 농업경쟁력의 관건으로 보고 적극 육성하고 있다. 자연순환농업 형성이 환경오염방지와 친환경적 자원 이용을 통해 시너지를 창출하는 등 농업 경쟁력에 유리하기 때문이다.

지자체 중에는 정읍시와 논산시가 주목받고 있다. 정읍시는 이 지역의 대표 농축산물인 쌀과 한우에 '단풍미인'이란 공동 상표를 개발, 소비자들에게 선을 보이고 있다. 사육 규모 전국 2위를 자랑하고 있는 정읍 명품 한우의 고급육 생산을 위해 사료공장과 공동사육장 증축, 이력시스템 구축, 판매장 등을 설치함은 물론 돼지 또한 쌀겨 등 청정 농산물을 첨가한 기능성 사료를 개발 육성하여 '단풍미인 포크'를 생산하고 있다.

논산시는 2006년 지역별 경종농가와 축산농가 대표 그리고 논산시장과 축협 4자가 '액비살포 유통협의체'를 결성해 자연순환농업을 확산하고 있다. 경종농가에서 액비를 살포할 농지의 토양을 직접 채취해 오면 논산시 농업기술센터에서 시비처방을 받아 뿌린다. 액비를 살포할 경작지의 연번을 농가에서 제출하지 않아 애를 먹는 경우가 아직 많은 다른 지역에 비하면 논산지역 작물재배농가의 참여도는 이례적일 정도로 높다.

한편 자연순환농업 정책이 주변 경종농가와의 긴밀한 환원 체계가 구축되지 못할 경우 오히려 개별 농가의 부담이 가중될 수 있다. 이러한 문제를 극복하고 농업인에게 편익을 주기 위해서는 다음과 같은 전제조건이 필요하다.

첫째, 축산농가와 경종농가를 연계시켜주는 시스템의 구

축이다. 축산농가가 아무리 좋은 가축분뇨 퇴비나 액비를 생산했다고 하더라도 경종농가에게 전달되는 시스템이 갖춰지지 않고, 경제성을 확보하지 못한다면 자연순환농업은 공염불에 그칠 수밖에 없다.

둘째, 우리 실정에 맞는 프로그램 및 기술개발과 일관된 정부 정책이 전제되어야 한다. 지금까지 가축분뇨는 개별농가 중심의 지원 방식으로 추진되어 왔으나 단순한 개별농가의 처리방식으로는 분뇨처리, 분뇨유통, 농지환원 등 일련의 과정을 효율적으로 유지하지 못함으로써 공공자원화 처리 방식의 '통합관리' 형태로 전환되고 있다. 이러한 '통합관리' 방식은 지역 실정에 맞추어 다양한 처리 방법이 경제성, 기술성, 정책성, 주변농가와의 긴밀한 협조체계를 통해 구축되어 질 수 있으므로 매우 선진형 방법이기는 하나 이에 적합한 종합적 프로그램의 개발 또한 필요하다. 이는 지역별로 안정적인 친환경 축산업을 구축하고, 지역의 농축산업 등을 활성화시키며, 새로운 신규 사업을 통해 기술력의 개발과 관련된 신규 전문 인력을 확충할 수 있다는 면에서 매우 긍정적이기 때문이다. '통합관리' 방식을 지역별로 도입할 경우 무엇보다도 도입결정에 따른 지원의 우선순위를 정해야 할 필요가 있다. 가축분뇨의 '통합관리'는 실천 프로그램의 체계화, 퇴·액비의 유통 규격화, 설비 시스템의 표준화 등 여러 필요 요소들을 우선순위에 따라 재정립하여야 한다.

셋째, 정부에서는 이러한 시대적 흐름에 맞추어 자연순환농업팀을 발족하면서 현장중심의 다양한 대안을 제시하고 있으나 이러한 시책도 결국은 경종농가와의 축분의 퇴비나 액비에 대한 인식의 차를 좁히고, 생산된 농산물의 유통 및 퇴비나 액비의 상품 규격화, 토양의 관리까지 가능한 치밀함을 갖출 때 비로소 성공할 수 있을 것이다.

45. 장수과학과 장수문화마을

평균수명이 길어지고 있다. 어쩌다 병에 걸려도 현대 의술이 비약적으로 발전하다보니 학자들이 인간의 한계수명으로 예측한 나이에 해당되는 125세를 넘길 날이 얼마 남지 않은 것 같다. 우리나라도 평균수명이 늘어나고 장수하는 사람들이 많아지면서 노인들의 장수법이나 이를 과학적으로 뒷받침할 수 있는 장수의학에 대한 관심이 높아지고 있다. 이처럼 현재의 우리들은 과거 60년대에 비해 수명이 20여 년이나 연장됐으면서도 아직도 부족해 무조건 오래 살기만을 갈망한다.

왜 여전히 사람들은 오래 살기를 갈망할까? 하기야 옛날 속담에 "말똥에 굴러도 이승이 좋다."라는 말처럼 아무리 고생스럽고 천하게 살더라도 죽는 것보다는 낫다는 말이 있듯이 장수에 대한 미련은 버리지 못하고 있는 듯싶다.

최근 조사에 따르면, 우리나라의 100세 이상 장수인(長壽人)은 전북 순창, 경북 예천, 전남 함평·구례·장성·영광·곡성, 경남 거창 등에 많이 거주하고 있는 것으로 확인됐다. 또 우리나라의 남성 장수인은 강원도를 중심으로 한 동북지역에, 여성 장수인은 제주·전남을 비롯한 서남지역에 편재한 것으로 나타났다.

특히 1990년대까지는 해안과 평야지대에 장수마을이 많았으나 2000년대에 접어들어선 해발 200~400m의 중간 높이의 산간 지역에 장수마을이 많은 것으로 나타났다. 이는 생활여건이 좋은 도시지역과 가까우면서도 오염이 덜 된 산간 농촌지역이 장수하는 데 좋은 조건을 갖고 있는 것으로 집약된다.

그럼 장수 인구가 많은 지역은 어떤 공통적인 특성을 갖고 있을까. 첫째로 지리적인 접근성이다. 장수지역 대부분 산간 지역 내지 산간이나 해안에서 그리 멀지 않은 중산간 지대로 완만한 경사와 소나무 군락지로 인해 풍부한 산소 공급과 삼림욕을 하기에 좋은 천혜의 환경적 조건을 갖춘 지역이다. 여기에다 공해가 없어 맑은 공기와 음용수를 이용하고 있다. 둘째로 독립적인 삶을 영위한다. 이들 지역에 살고 있는 노인들 대부분이 자식들에게 의지하지 않고 무슨 일이든 집안에서 자신이 할 수 있는 일들을 한다는 것이다. 셋째로 규칙적인 생활습관이다. 90% 이상이 규칙적으로 즐겁게 식사를 하는 대신 식사량은 많지 않다. 좋아하는 음식은 과일류가 95%로 가장 높고 콩류·버섯·채소류 순으로 주로 식물성 식품이다. 반면에 우유, 유제품을 비롯해 육류나 알류 등 동물성 식품은 싫어하는 것으로 나타났지만 여러 음식을 골고루 섭취하는 편이다. 장수 노인들 가운데 80%는 담배를 피우지 않고, 70% 정도는 술을 마시지 않는다. 넷째로 즐겁게 산다. 집에서 일을 할 때는 늘 음악을 듣고 마을 경로당에서는 자주 경로잔치가 있어 전축을 틀어놓고 춤판을 벌이는가 하면 남자 노인들은 저녁나절에 게이트볼 경기를 즐기는 등 항상 즐겁게 산다는 것이다.

이런 조건의 생활방식이 가능한 곳은 어디일까, 자동차가 적게 다니고 개발이 덜 된 지역, 바로 환경오염이 적은 농·산·어촌지역이 장수마을이라는 얘기다. 이곳에 장수과학에 입각한 장수문화마을이 육성돼야 한다. 장수과학이란 '노인들의 건강을 지키고, 보다 높은 삶의 질을 갖추도록 지원하는' 과학적 입장이 강조된 일종의 사회과학이다. 대도시의 건강하고 경제적 능력이 있는 은퇴자들이 농촌에서 여생을 함께 할 은퇴자들의 공동체마을을 만들어 함께 산다면, 장기적으로 정부의 부담을 덜어주는 저비용 고령사회대책의 방안도 되고, 당장 시급한 농촌의 공동화 방지 및 활성화 대책에도 기여하며, 무엇보다도 고령인이 장수사회를 정착시키는 데 능동적으로 참여하는 모델이 될 수 있을 것이다. 그러기 위해서는 도시에만 집중되는 노인전문 병원과 요양 실버타운을 농촌에 확대해 주어야 한다. 물론 고령의 농민들은 거기에조차 갈 경제적 능력이 되지 않는다. 정부가 그 부분에 대해 고민하고 대책을 세워주어야 한다.

46. '농활' 부활하는가?

　　최근 농번기를 앞두고 평야지 일대를 선택해 두루 둘러
봤다. 생각과는 달리 들녘에서 정겨운 예전의 모습을 찾는
다는 것은 정말 어려운 일이었다. 봄 냄새 가득한 계절이
되면 언제나 따뜻하고 평온한 마음으로 감싸주었던 농촌의
공간, 어린아이의 천진무구한 미소처럼 웃음 가득한 농민들
의 모습은 없다. 단지 겨울로부터 계절의 바통을 넘겨받고
있는 봄의 몸부림만이 은빛 물살에 소리 없이 일렁이고 있
을 뿐이었다.

1) 지금 농촌은 '춘래불사춘'

　　농업과·농촌은 자연과 인간을 하나로 조화시키며, 다양
한 공익적 기능을 가지고 있다. 국토의 정원으로서, 문화

전통의 보존지로서, 그리고 환경생태계의 현장으로서 농업·농촌의 중요성은 아무리 강조해도 지나치다 할 수 없다. 그런데 우리 사회는 지난 30여 년 사이에 급격한 산업화, 도시화 과정을 경험하면서 이 같은 농업의 외연적 공익가치를 그만 잊어버리게 됐다. 농업의 가치를 단순히 식량과 농산물을 생산하는 상품기능으로만 한정해 평가절하하고 만 것이다. 그러다보니 자연스럽게 우리 농업·농촌의 발전은 쇠퇴해져 버렸고, 세계시장 속에서 도태되어버리는 결과를 낳고 말았다.

옛날 한나라 때 흉노족에게 시집간 왕소군이 자신의 처지를 비관하며 지었다는 '春來不似春'(춘래불사춘, 봄은 왔으나 봄 같지가 않다)이라는 시구(詩句)처럼 농촌에서 느끼는 봄은 진정한 봄의 모습이 아니었다. 농촌이 이처럼 조용할 수밖에 없는 것은 당연히 고령화 때문일 것이다.

여기에다 젊은이들의 대학생 농활도 사라져가고 있다. 얼마 전, 여름방학이면 의례적으로 행해지던 농활(대학생 농촌봉사활동)이 점차 사라져가고 있다는 안타까운 소식을 접했다. 농활은 오늘의 기성세대에게는 대학시절 여름방학의 추억이지만 요즘 대학생들에게는 어학연수나 국토대장정과 같은 말에 비해 다소 생소한 단어가 되어가고 있다.

내가 대학시절 선배들이 대학생의 낭만을 읊으면, 단연 빠지지 않는 주제가 농활이었다. 땀 흘리고 먹는 막걸리 한 사발을 추억하며 선배들은 농활에서의 에피소드를 무용담처럼 들려주었다. 이런 선배들의 얘기를 듣고 있노라면 농활이란 두 글자에 막연한 동경심이 모락모락 피어올랐었다. 지금은 추억거리가 되었지만, 농활 근로 중 가장 고된 것 중 하나를 꼽으라면 당연 '피사리'를 뽑는 일이었다. 사실 피와 묘를 구분하는 것이 처음 일을 하는 대학생들에게 결코 쉬운 일은 아니었다. 그래서 종종 큰 사고를 치곤했다. 이렇게 시작된 '농활'은 90년대 대학생들의 농촌체험 및 일손 돕기로 이어졌으나, 이제 일부 대학에서 겨우 명맥만 이어가고 있는 설정이다. 취업난에 시달리고 힘든 일을 기피하는 학생들이 '농활' 대신 학점취득, 취업에 혜택을 받을 수 있는 해외봉사활동을 선호하는 경향이 커가고 있기 때문이다. 이에 따라 대학마다 '농활' 참여 학생 수는 채우기도 힘든 반면 해외봉사 활동 참가자는 갈수록 늘고 있다.

2) 대학생들 농활의 의미를 되새겨야

해마다 농활을 가는 대학생들이 줄어들고 있다지만 그럼에도 농활이 의미가 있는 건 젊음의 땀과 열정으로 농촌의 부족한 일손을 돕는 값진 봉사를 할 수 있기 때문일 것이다. 그런데 요즘 대학생들에게 이런 농촌에 대한 기억이 자꾸만 없어지는 것 같아 걱정이다. 단지 일부 농과대학 등의 농활동아리가 명맥을 유지하고 있을 뿐이다.

하지만 농활은 공과대학생에게도 필요하다. 대학에서 배운 공학 지식을 바탕으로 경운기, 트랙터 등의 농기계를 수리하고 노후화된 농가의 전기배선 시설 등을 고쳐주는 실습장 역할도 한다. 이런 프로그램처럼 '농활'의 참된 의미를 되새기고, 각 학과마다의 특성을 살려 낼 수 있는 농촌 봉사활동으로의 영역을 넓히는 것이 좋겠다. 또한 각 대학과 농촌의 지속적인 연계를 통해 대학생 '농활'이 부활할 수 있는 제도적인 장치 마련이 긴요한 시점이다.

47. 잡초(雜草)는 미래의 귀중한 약재

"아무도 찾지 않는 바람 부는 언덕에 이름 모를 잡초야, 한 송이 꽃이라면 향기라도 있을 텐데, 이것저것 아무것도 없는 잡초라네." 이런 잡초는 아무리 척박한 황무지라도 잘 자란다. 뽑은 뒤 얼마 되지 않아 단물을 먹은 듯 쑥쑥 자라난다. 그렇다고 잡초를 그냥 놓아둘 수는 없다. 뽑지 않으면 어느새 잡초밭이 되기 때문이다. 이처럼 잡초는 농작물의 성장에 필요한 양분과 수분을 빼앗을 뿐만 아니라, 빛과 통풍을 차단해 농작물의 성장을 저해하고, 심지어는 병충해를 일으키는 장본인이기도 하다.

1) 무한한 효능을 가진 잡초

오죽했으면 잡초 같은 인간이란 말이 생겼을까. 임권택

감독이 처음으로 제작을 겸한 영화도 이런 잡초(雜草)다. 이 영화는 감독 자신의 체험을 통한 깨달음을 바탕으로 당시 하층 계급 여주인공의 고달픈 삶을 사실적으로 그려내고 있다. 하지만 이렇게 쓸모없는 잡초도 좋은 기술과 좋은 아이디어가 만나면 농가에 소득원이 된다. 어떤 잡초가 특별한 약효가 있다는 연구발표가 있으면 그 잡초는 귀한 명초가 되고, 때론 구하기 힘든 품종이 되며, 나중엔 구할 수 없는 절품이 된다.

아울러 잡초는 본연의 의무를 다한다. 폭우가 내릴 때는 토양의 유실을 막아주고, 건조할 때는 풍해(風害)를 약화시킨다. 단단한 흙은 잡초뿌리가 흙 속을 파고들어 부드러운 토양으로 일구어 낸다. 뽑아낸 잡초는 농작물의 부족한 수분을 보충해 주기도 하고 죽은 잡초는 썩어서 퇴비가 되기도 한다. 그저 잡초라고 전부가 해롭다고 단언할 수는 없다. 발에 채이고, 제초제로 사라져가는 잡초가 미래의 귀중한 약재로, 식용으로의 높은 가치가 있는 경제재로 등장할지 그 누구도 모르는 일이다. 이처럼 전체 식물사회에서 보면 '쓸모없는 풀'은 없다. 모두들 꽃을 피우고 열매를 맺어 아름다운 자연을 구성하고, 산소를 내뿜어 공기를 맑게 하며, 다른 동식물들에게 도움을 주고받으며 살아간다.

생전에 한국을 너무 사랑했던 '대지'의 작가 펄 벅 여사가 한국을 처음 방문했을 때다. 천년의 고도 경주를 방문하기 위해 기차를 타고 가던 중 감나무 끝에 달려있는 따지 않은 몇 개의 홍시를 보고는 "따기 힘들어 그냥 두는 것이냐?"라고 물었다. "까치밥이라 해서 겨울새들을 위해 남겨둔 것"이라는 설명에 펄 벅 여사는 탄성을 지르며 이렇게 외쳤다고 한다. "바로 이것이야. 내가 한국에 와서 보고자 했던 것은 고적이나 왕릉이 아니라, 이것 하나만으로도 나는 한국에 잘 왔다고 생각한다."라고. 집에서 기르지도 않는 새들의 겨울양식까지 챙기는 사람들! 그런 후덕한 사람들이 살고 있는 곳 바로 우리 대한민국의 농촌이다.

농촌진흥청 자료에 따르면 우리나라 농촌이 건강 및 휴양공간으로 중국인들이 자랑하는 소주, 항주지역보다 환경적 다양성과 어메니티 가치가 더 좋다고 한다. 예컨대 우리나라 농촌 환경이 갖고 있는 장점으로 산림, 계곡 등 건강에 좋은 음이온을 발생시키는 산림 녹지율이 우리나라가 65%인데 비해 중국 소주지역의 경우는 3% 정도로 현저히 적으며, 전체 면적 중에서 42% 정도가 수면(水面)으로 돼있어 계절에 따라 다양하게 변하는 경관 등 어메니티 가치 측면에서 우리나라가 높은 것으로 나타났다는 것이다.

2) 잡초에 대한 체계적인 연구 절실

특히 우리나라 농촌 마을은 풍수지리적으로 배산임수형으로 자연의 이치에 따라 마을이 형성돼 있고 우리나라 전체 6만 2천여 개 자연마을과 곳곳에 깊은 계곡과 숲 등이 풍부한 자연자원을 갖고 있어 어느 나라보다 한국적인 아름다움과 웰빙공간으로 환경적 가치가 우수한 장점을 갖고 있다고 한다.

이제는 쓸모없는 잡초에 대한 체계적인 연구지원을 통해 약용 또는 식용의 자원화 향상으로 이어지는 선순환 구조를 만들어야 할 때다. 우리 주변에 흐드러지게 피고 지는 잡초 중에서 귀한 약재로, 또는 원예용으로 개량 육종 가능한 식물들을 자원화해 농가소득에 도움을 주자.

48. 경관 자체가 바로 상품

5월은 계절의 여왕답게 축제도 많다. 어디를 가도 만개한 봄꽃들이 그 자태를 마음껏 뽐내고 있다. 이에 맞춰 각 지자체도 다양한 축제를 마련, 봄나들이에 나서는 상춘객들의 발걸음을 재촉하고 있다. 경기도의 경우, 요즘 유채꽃 등 경관작물과 연계한 지역축제가 한창이다. 대지는 초록빛, 하늘은 푸른빛, 시선이 머무는 곳은 끝도 없이 노란 세상의 연속이다.

1) 경관을 주제로 풍성한 5월의 지역 축제

이 중 매년 5월이면 어김없이 경관 자체를 상품으로 한 축제가 열리는 곳이 있다. 구리시 토평동 한강시민공원의 유채꽃 축제다. 봄의 향기가 물씬 풍기는 5월이 되면 구리

한강시민공원에서 정성스럽게 가꾸어온 유채꽃을 선보이는 노란 꽃축제가 개최된다. 5월 가정의 달을 맞아 어린이를 위한 다양한 행사가 펼쳐지며 인기가수 라이브콘서트 등 축하공연이 관람객들의 마음을 사로잡는다. 여기에다 아름다운 야외무대에서 펼쳐지는 각종 공연과 문화 전시회 등 즐길 거리와 맛있는 먹을거리가 가득한 구리 유채꽃축제는 자연과 함께 동심의 세계로 돌아가 추억을 만드는 기회를 제공한다.

이 밖에 시흥시 옥구공원에서 열리는 유채꽃축제, 안산시 고잔역 부근의 노란 유채꽃축제의 풍경은 가히 일품이다. 이렇게 3년 전부터 시작된 경관보전직불제는 농촌에 아름다운 경관작물의 재배를 확대하고 지역 축제와 농촌관광을 활성화하는 데 큰 기여를 하고 있다.

경관보전직불제는 농지에 유채 · 메밀 · 꽃 등 경관을 좋게 하는 작물을 재배하는 농가에 1㏊당 경관보전직불금을 지급하는 제도다. 현재 동계작물인 보리 · 밀 · 유채 등에는 100만 원, 하계작물인 메밀 · 해바라기 · 코스모스 등에는 170만 원을 지급하고 있다.

한국농촌경제연구원에 따르면 경관작물 식재 후 지역축제가 확대되고 지역별로 1.25배에서 150배까지 도시민 방문객이 증가했다고 밝히고 있다. 파주시 돌곳이 꽃마을 축제의 경우 경관보전직불제 시행 전에는 방문객이 200명 안팎이었으나 시행 후에는 50만 명으로 대폭 늘었다. 이렇게 지역축제를 찾는 관광객이 늘다 보니 숙박과 음식 판매로 인한 소득 파급 효과도 높다. 또한 지역별로 봐도 경관작물을 원료로 농·특산물과 가공품을 개발해 지역의 브랜드 이미지를 높이는 효과도 커졌다.

강원 평창 봉평면은 2006년 67만여 명이 방문해 약 82억 원의 소득 파급효과를 가져왔다. 경남 함양군은 하고초(꿀풀)를 핵심테마로 개발해 축제기간 중 연간 총 매출액(2억 8천만 원)의 25% 이상을 판매했다. 경남 남해의 두모마을은 경관작물로 재배하는 유채와 메밀을 가공·판매하는 등 마을 관광소득이 경관보전직불제 시행 전보다 6배 이상 증가했다. 이렇듯 경관보전직불제 시행으로 농업활동이 식량생산에 머무르지 않고 아름다운 농촌형성과 농촌의 새로운 부가가치를 창출하는 데 기여했다.

2) 무한한 가치를 지닌 대표적 경관 많은 우리 농촌

봄에는 유채꽃·양귀비·하고초 등 야생화, 가을은 메밀을 감상하기에 적기이므로 많은 도시민들이 꽃 축제가 열리는 농촌을 방문할 수 있도록 아름다운 경관 자체를 상품으로 연출시켜야 한다. 이를 위해 우선, 사업면적 및 지원

대상 작물의 대폭 확대는 물론 재배지 주변 탐방로 조성에도 힘써야 한다. 다음 단계로 경관보전직불제의 범위를 단순한 유채 등의 농작물에서 다랭이논과 돌담 같은 문화적 경관으로 확대시켜야 한다.

앞으론 경관 자체가 바로 상품인 까닭에 경관작물과 연계한 지역축제가 농촌에 새 부가가치를 창출해낼 것이다. 우리 농촌에는 자연환경의 대표적 경관으로 기능·특성상 세계적으로 희귀한 문화유산으로서의 잠재적 가치가 무한한 대표적 경관들이 많다. 반면, 도시화·농업형태의 변화로 훼손되는 사례가 급증하고 있는 만큼 관리·보전 방안과 정책적 수단 마련이 시급하다.

49. 한식(韓食)의 세계시장화 조건

　한국 드라마 속 배경을 찾는 외국 관광객이 늘어나면서 최근 우리 농촌에서도 문화상품 개발에 열을 올리고 있다. 우리나라를 찾는 외국인들에게 한국의 음식은 독특한 하나의 문화상품이다. 이를 잘 발전시키면 그것이 곧 한식(韓食)의 세계화다. 한식의 세계화가 이뤄진다면 농촌 경제에 '단비' 역할을 함은 물론 식(食)문화 위상을 높이는 바탕이 될 것이다. 하지만 한 나라의 음식이 세계화되기 위해서는 수많은 요인이 존재한다. 한식의 경우, 작년 10월 최근 주한 외국인을 대상으로 한식의 세계화 가능성에 대한 설문조사에서 한식의 강점으로 건강식과 다양성을 꼽았다. 이런 강점을 장기적인 소비 기반으로 만들어 나가기 위해서는 국제화해야 한다. 현재의 우리 음식패턴으로는 세계시장화에 근본적인 한계가 있다. 한식의 맛이나 멋, 색깔, 기호,

메뉴 등 전반적으로 고쳐야 한다. 그런 의미에서 한식의 세계시장화는 다음 5가지 조건이 전제되어야 한다.

1) 매운맛에 등급제 도입을

먼저 우리나라 식당의 경우 음식의 매운맛에 대한 등급을 마련해야 한다. 매운맛 등급제는 그 기준을 관련 대학과 농협 등 전문기관에서 설정하고 그것을 전국의 식당에 보급하는 것이 현실화의 첫걸음이다. 이를 위해선 식당의 적극적인 동참이 필요하고 고추장을 만드는 제조 공장의 협력이 뒤따라야 함은 물론이다. 예컨대 고추의 경우 매운맛을 결정하는 것은 캡사이신 성분의 함량 정도(심미도)다. 따라서 고추의 경우 '매운맛'과 '보통 매운맛'으로 맛의 등급을 정해야 한다. 특히 매운맛 정도에 따라 품종을 구분, 육종할 수 있어야 보급을 확대할 수 있다. 그래서 식당을 찾은 관광객이 고추장 하나를 주문하더라도 매운 고추장과 덜 매운 고추장을 내놓고 선택할 수 있도록 해야 한다. 그리고 매운맛과 관련된 각종 포장재에도 매운맛의 등급이 표시돼야 한다.

둘째, 한국음식의 국제화를 위해서는 우리 음식을 현지화하거나 퓨전화해야 한다. 퓨전음식의 개념은 당초 새롭고 고급스러운 음식이라는 개념에서 출발했으나, 최근에는 동서양 음식의 조화라는 개념으로 접근하고 있다. 한국 음식의 퓨전화에 대해 다소 부정적인 사람도 있다. 그러나 한식도 퓨전화해서 다양한 외국인의 입맛에 맞게 변형해야 한다. 성공한 음식은 다 그러하다. 세계적으로 우수한 식당이나 음식점은 독창적인 맛과 특징을 내세우며 나름대로 퓨전화하고 있다.

셋째, 한국 음식의 국제화를 위해서는 한식 요리 전문가가 필요하다. 한국 음식도 제대로 만들려면 매우 어렵다. 이제는 '한국 사람이면 누구나 한국 음식을 만들 줄 안다.'는 식의 사고를 탈피해야 한다. 한식도 전문가에 의해 고급스럽고 전문적으로 만들어야 제 맛이 난다. 한국 음식의 국제화를 위해서 가장 중요하면서 어려운 과제가 전문가 육성이다. 전문가는 전통음식의 제조, 검사, 가공, 마케팅 등 각 분야별로 필요하다.

넷째, 한국 음식에 대한 전문자격증을 가진 인력을 국내에서만 활용하지 말고 세계로 진출시켜야 한다. 세계인들을 대상으로 한국 음식을 홍보하는 데도 이들의 역할이 중요하다. 전문 인력은 세계의 여러 음식점이나 유통업체와 연대해 관련 분야의 전문지식을 더욱 높이고 국제적 안목을 키우도록 노력해야 한다.

2) 음식의 국제화 시대에 대비해야

다섯째, 음식 명칭도 국제적으로 통일시켜야 한다. 불고기, 비빔밥, 김치 등 한국 음식 명칭을 통일하는 것은 무엇보다도 중요하다. 이를테면 세계 어느 곳에 가든 김치는 영문으로 'Kimchi'라고 표기하고, 그 메뉴에는 음식에 사용된 재료의 설명이 들어가야 한다. 그리고 한국의 음식문화를 제대로 설명하는 전문적인 음식서적도 나와야 한다. 이제 한국 음식의 국제화시대가 도래했다. 그 방안을 구체적이고 체계적으로 추진할 때이다.

50. 장수공동체마을의 조건

누구나 노인이 된다. 그런데 노인은 국가나 가정 모두 부담으로 느낀다. 국가와 가정을 위해 평생 살아온 그들을 부담스럽게 생각하는 현실이 안타깝기만 하다. 개인적으로도 정책적으로도 대책이 필요하다. 하지만 현재 정부의 정책은 우선 도움을 필요로 하는 노인들에 대한 시혜적 복지 시책의 범주를 벗어나지 못하고 있다. 대안은 없을까? 도시 은퇴자들이 농촌에서 여생을 함께 할 공동체마을을 만들어 함께 산다면, 장기적으로 정부의 부담을 덜어주는 저비용 고령사회대책의 방안도 되고, 당장 시급한 농촌의 공동화 방지 및 활성화 대책에도 기여할 수 있을 것이다.

1) 공동체마을에 눈 돌려야

미국의 경우, 노인들이 요양기관이 아닌 집에서 여생을 보내며 서로 돕고 사는 공동체가 점차적으로 확산되고 있다. 2007년 8월 14일자 뉴욕 타임스에 따르면, 노인들이 스스로 편안하게 생활할 수 있는 공동체가 미국 전역에 100여 개에 이른다고 한다. 한국에도 이런 공동체마을이 조성되고 있다. 이름 해서 곡성군 보성강변의 강빛마을이다. 이 마을의 기본구상은 75세 이전의 건강한 은퇴자들이 혼잡하고 공기 나쁜 도시를 떠나 농촌에 전원마을을 만들어 모여 살면서 80, 90세가 되어도 건강하고 당당하게 살아가자는 것이다. 각자 자기 집에 살지만 건강·문화·성취·교류 등 프로그램이 운영될 예정이다.

특히 강빛마을은 전원마을이나 전원주택 또는 별장 등과 차원이 전혀 다른 개념이다. '택지' 또는 '주택'을 판매하는 사업이 아니라, 프로그램이 운영되는 '마을'을 만드는 사업이다. 노년의 삶을 사는 터전이므로 널찍한 별장형 전원주택이 아니라, 노년에 스스로 관리 가능한 규모의 주택에 살면서 마을을 공유하는 공동체에 대한 이해가 필요하다. 마을 전체를 아름다운 공원으로 가꾸고, 가능한 한 자연지형을 이용해 주택도 목조를 위주로 하며, 집과 집 사이에는 담장이 없는 생태마을을 추구한다. 그렇다면 강빛마을과 같은 장수공동체마을 프로젝트가 성공적으로 자리 잡기 위해서는 어떤 조건이 필요할까, 다음 두 가지를 제안하고자 한다.

첫째, 우리나라는 수도권 공화국이라고 할 만큼 서울을 중심으로 한 수도권의 집중이 심각하다. 그러므로 수도권은 비록 농촌일지라도 전원마을사업 대상지역에서 제외된다. 그런데 수도권을 벗어나면 같은 전원마을이라도 수도권과 가까운 곳이 더 비싼 값으로 더 잘 분양할 수 있다는 것이 엄연한 현실이다. 그런데 수도권 이외의 지역에서는 전국적으로 지원기준이 같다. 전국적으로 은퇴자마을의 일반적 적지는 많다. 그런데 그곳에 은퇴자마을을 성공시키려면 다른 지역보다 분양가가 훨씬 싸야 한다. 그러므로 수도권과의 거리에 따라 차등지원을 함으로써 은퇴자마을이 적지에 조성되도록 유도해야 할 것이다.

2) 은퇴자마을 우선 지원시스템 필요

둘째, 기반시설을 지원해 분양가를 낮추는 것만으로 도시은퇴자가 농촌으로 이주하지는 않는다. 도시생활에서 누리는 최소한의 생활편익은 보장해 주어야 한다. 이를 위해 농림수산식품부의 전원마을 사업지구로 책정된 은퇴자마을에는 각 부처가 가지고 있는 관련 사업들을 우선적으로 지원해 주는 정부 내 시스템이 구축돼야 한다. 마을단위 하수처리사업, 복합노인복지시설, 정보화마을사업, 생활체육공원사업, 도서관사업 등 찾아보면 많다. 부처에 따라서는 기존 주민을 위해 해당 시·군에 이미 지원된 사업이 있더라도 새롭게 도시은퇴 인구를 유입하는 지역에는 그 마을의 여건에 따라서 추가 지원을 할 수 있도록 지원기준을 정비해야 한다. 앞으로 강빛마을 프로젝트가 성공적으로 자리 잡을지 귀추가 주목된다. 열심히 일하고 즐겁게 은퇴해 돌아갈 곳이 있다면 그보다 좋은 사회는 없을 것이다.

51. 도시농업 활성화를 위한 제언

　　도시농업이란 좁게는 도시 내에서 이루어지는 농업행위이며 주로 채소류를 키운다. 넓게는 도시행정구역에 포함된 도시근교농업과 도시 시가지 내에서의 농업활동도 포함된다. 영국의 할당채원지(Allotment), 독일의 분구원(Kleingarten), 일본의 시민농원 등이 도시농업의 대표적 형태다. 특히 쿠바의 경우 국가적인 차원에서 도시농업을 성공적으로 수행하고 있는 대표적인 나라다. 예컨대 1천여 곳이 넘는 초등학교에 도시농업에서 생산된 유기농 재배야채가 급식되고 있고, 16만 개의 일자리가 창출됐다. 1990년에 43%이던 식량자급률이 2001년에는 95%로 상승하고, 식생활 패턴이 유기농야채 중심으로 바뀜에 따라 병원출입 환자 수가 연간 30% 감소했다. UN도 전 세계 인구의 절반 이상이 도시지역에 모여 사는 시대가 됐다는 점에 주목해 도시농업

위원회를 설치했다. 앞으로 새롭게 도시계획이 적용되는 대도시에 도시농업을 권장하는 추세다.

현재 전 세계 2억 명의 인구가 전업적으로 도시농업을 하고 있다. 도시농업은 기본적으로 식량생산의 기능을 통해 도시빈민들에게 경제적 도움이 된다. 아울러 도시농업을 통해 도심에 부족한 녹지대를 확보할 수 있고, 그로 인해 소음경감, 오염저감, 도시 내 생쓰레기 같은 유기물질의 퇴비화 이용으로 인한 환경적 가치가 크다.

이처럼 도시농업을 권장하는 이유는 첫째, 도시녹화다. 가로수를 심고 공원을 조성하는 정도로 생각하는 데서 한 걸음 더 나간다. 도시열섬 현상을 줄이고 공해를 줄이는 데 효과가 있다. 둘째, 일자리 창출이다. 도시민 중 자꾸 늘어나는 실업대책의 일환으로 도시농업이 권장되고 있다.

반면 우리나라 도시의 경우, 그 동안 도시설계가 사람의 척도에 맞추어 건설됐다. 엘리베이터와 자동차는 도시의 경계를 위로, 밖으로 자꾸만 확장시키고 있고, 주민 대다수가 직장까지 타고 갈 대중교통수단에서도 멀어져 승용차 2~3대 보유 가족이 됐다. 이런 환경은 동료시민들과의 접촉으로부터 스스로를 격리하는 감옥이 됐다. 그 결과 도시의 환경은 망가진 채 부분적으로 방치되고 있다.

때마침 도시 아파트에 숲이 들어오고 있어 천만다행이다. 도시의 숲과 어우러진 다양한 유실수와 꽃나무들이 자리를 잡으면서 새들이 날아오고 매미가 울기 시작했다. 도시민들도 마음의 문을 열고 농촌에 귀 기울이게 되면서 자연의 노크를 허락한 것이다. 한국농촌경제연구원의 연구 결과에 따르면 환경 및 생태계 보전, 농촌경관 유지, 식량안보 등 농업의 다원적 가치가 연간 28조 3천억 원으로 농업 총생산액의 1.4배에 달하는 것으로 조사된 바 있다. 이처럼 농업 속에는 상상치 못할 황금 알이 숨겨져 있다. 머지않아 도심 속에도 농업친화적인 분위기가 형성될 것이다. 이에 발맞춰 도시에 가장 적합한 방식의 도시농업 클러스터를 구축할 필요가 있다.

그러나 우리의 경우, 아직은 농·어촌 휴양사업의 일환으로 시작된 관광농원 또는 도시 주변의 주말농장을 도시농업으로 인식하고 있는 정도다. 그 동안 일부 대도시에서 옥상녹화, 소규모 농원조성 등 제한적 개념으로 사용됐고, 근교도시에서는 도시농업동호회, 아파트공동체, 종교단체 등이 중심이 돼 텃밭, 주말농장, 근교 농업형태로 추진되고 있는 실정이다. 게다가 근교도시의 농업방식조차도 비닐하우스에서 고투입농법을 통한 집약농업이었던 까닭에 상대적으로 농지오염을 가속화시켰다.

따라서 이러한 상황을 반전시킬 수 있는 활성화전략이 필요하다. 이를 위해서는, 첫째, 도시농업이 가능한 적정 유휴지 분류 등 기초조사를 실시할 필요가 있다. 둘째, 농협 등 협동조합 네트워크를 통해 지역별·테마별 도시농업 시범사업을 운영해볼 필요가 있다. 셋째, 쿠바식 도시농업 모형을 우리나라 상황에 맞게 재구성해 운영해봄으로써 성과가 좋을 경우, 농촌형직불제 도입도 검토될 수 있다. 이제 도시농업은 낯설고, 촌스러운 컨셉트가 아니다. 앞으로 푸른 도시를 꿈꾸고 지속가능한 도시를 생각한다면 이쯤에서 고려되고 정책적으로 받아들여져야 할 가치다.

52. 여름휴가 '3촌(농·산·어촌)'으로

　　요즘 농림·어업 관련 기관들이 7∼8월 두 달간 공동으로 '여름휴가, 농·산·어촌 고향에서 보내기' 범국민 캠페인을 벌이고 있다. 특히 농·산·어촌체험마을 통합지도를 전국에 배포하고, 전자책을 각 기관의 홈페이지에 게재해 여름휴가철 동안 가볼만한 농·산·어촌 마을 정보를 쉽게 접할 수 있도록 했다. 이는 주 5일 근무제 정착과 여름휴가철을 맞아 도시민의 여가 수요를 농·산·어촌으로 유도해 농외소득증대 및 농·산·어촌 활성화를 도모하기 위한 것이다.

　　그렇지만 고유가와 환율인상의 부담 속에서도 내국인의 해외여행은 전년 동기 대비 1.5% 가량 증가했다. 수출해서 외화를 벌면 상호주의와 글로벌시대에 걸맞게 어느 정도는 써도 된다지만 요즘의 세태는 그 분수가 지나치다는 느낌이

든다. 특히 여름휴가철 3개월 사이에 카드이용액만 1조원을 넘게 해외여행으로 쓴다니 정말 놀라울 따름이다. 국내에는 그만한 휴가지가 없는 것도 아닌데 무작정 해외로 나가야만 진정한 휴가인 것처럼 생각하는 분위기가 큰 문제다.

물론 직장인에게 여름휴가는 일상에서 벗어나, 육체적·정신적인 휴식과 생활의 활력을 재충전할 수 있는 기회다. 그렇기에 휴가는 매우 중요한 일이다. 벌써부터 휴가를 앞둔 대다수 도시의 엄마들과 아이들은 우리 농·산·어촌보다는 해외로 탈출할 꿈에 부풀어 있다. 이럴 때 '만사가 귀찮은' 직장인 남편들은 고민에 빠진다. 무더운 날씨에 머나먼 이국땅에 나가 고생하느니, 우리 농·산·어촌에서 더위를 피하는 게 상책이라고 가족을 설득해보지만 잘 통할 리가 없다.

반면 유럽의 휴가 풍속도는 다르다. 대개 여름방학과 여름휴가기간을 이용한 교육 여행이 많은데, 이들 나라들은 우리보다 한참 앞서 휴가문화나 농업형태를 도·농 상생운동 쪽으로 조직적이고 폭넓게 전환하였다. 산촌 유학프로그램이나 그랜드투어(Grand Tour)를 가능케 한 체계적인 체험학습장 등이 바로 그것이다. 특히 독일, 일본, 러시아 등은 일찍부터 소규모 농업생산 공간을 조성해 일상생활 속의 농업 농촌을 가까이 하는 생활을 중시해 왔으며, 이를 통해 심신의 건강 증진뿐만 아니라 휴식공간, 정서순화, 체험학습 기회 제공의 방법으로 활용해 오고 있다. 독일 클라인가르텐 400만 개소, 일본 시민농장 15만 3천 개소, 러시아 다차 3천200만 개소가 그것이다.

해외여행은 보는 것, 쓰는 것, 과시하는 것에 대한 속성이 있지만 국내관광은 시간과 비용도 절감되지만 직접 체험하고 느끼는 것에 대해서는 월등하게 우위에 있고 해외보다 오히려 더 풍광이 수려하고 매력적인 관광지가 많다는 점이다. 그럼에도 불구하고 해외로만 빠져 나가려는 속성은 우리 것에 대한 소중한 가치를 망각하고 무모할 정도로 해외여행이나 해외유학을 선호하는 사회문화적 병폐심리 때문이라 생각된다.

국내의 농·산·어촌관광산업이 발전하려면 그만큼 국민들이 애정을 갖고 꾸준히 이용해야 하고, 정부와 관계기관도 고용창출 효과가 크고 미래의 고부가가치 산업이 농·산·어촌관광이라는 점을 명심해 지속적이고 안정적으로 투자와 지원을 아끼지 말아야 한다. 특히 농·산·어촌의 내재된 가치에 대한 범국민적 인식이 선행되고 적극적인 참여가 동반될 때 우리 농·산·어촌의 밝은 미래를 보장할 수 있을 거라 생각된다. 올 여름휴가, 우리 농·산·어촌 체험을 통해 멋진 추억을 만들고 우리 농림·어업인의 사기도 높일 수 있는 값진 기회를 만들어 보자. 휴가 그 이상의 교육적 가치를 안겨줄 것이다.

53. 농가도 대체에너지 준비 서둘러야

지구온난화에 의한 온실가스를 줄이기 위해 국가 간의 약속인 교토의정서가 발효된 지 3년이 지났다. 우리나라는 당장 감축의무는 없지만 배출량을 놓고 보면 세계 10위로 결코 안심할 수 없는 상황이다. 지구 온난화가 일어나는 원인은 인류가 화석 연료를 많이 태워서 대기 속으로 많은 양의 이산화탄소를 방출했기 때문이다. 당장 온실가스 감축 대책이 시급하다.

현재 우리 생활에 편의를 주는 화석에너지는 고갈 위험이 있는 동시에 환경을 파괴시킨다. 반면 대체에너지는 고갈 위험과 환경 파괴도 적은 미래에 반드시 필요한 자원이다. 우리 농가도 대체에너지를 이용하면 무한공급성과 환경 친화성이라는 두 마리 토끼를 잡을 수 있다.

기후변화협약과 같은 국제적 환경협약들이 발효된 이후

선진국은 대체에너지 개발 보급에 한창이다. 원래 대체에너지는 공해와 환경오염이 적고, 전 세계적으로 지역적 편중이 낮은 에너지다. 따라서 장차 미래에너지를 책임질 잠재력이 큰 국가자원임에는 틀림없다.

반면 에너지 전환효율이 낮아 화석연료보다 가격이 비싸다는 단점에도 불구하고 세계 각국은 이 같은 대체에너지를 국가경쟁력의 관건으로 보고 적극 개발, 보급하고 있다. 대체에너지 활용이 에너지의 영구성과 친환경성을 통해 외부경제를 창출하고 기후변화 협약에 따른 온실가스 감축 등 국가경쟁력에 유리하기 때문이다.

유럽의 경우 오는 2010년 대체에너지 사용비중을 12%로 확대할 예정이며, 미국과 일본 역시 각각 100만 가구 태양열 지붕 계획과 뉴 선샤인(New Sunshine)계획을 추진하고 있다. 우리나라의 경우, 주요에너지 구성원인 석유 및 석탄의 비중이 감소하는 반면 대체에너지는 기술수준 및 시장기반 조성이 아직 부족한 편이지만 2011년까지 대체에너지 5% 보급 목표 달성대책을 세워놓고 있다.

농업부문도 예외는 아니다. 약 33%의 비중을 차지하는 시설재배농가의 경우, 생산비의 30~40%를 냉난방비가 점유하고 있다. 또한 도·농 교류 확대로 경종(耕種) 분야에서 관광농업 쪽으로 이동하고 있어 농가민박촌 또한 연료절감노력이 시급하다. 따라서 우리 농가도 어떠한 형태로든 여기에 동참

해야 되는 사항이다. 이제부터라도 대체에너지(전기 대신 태양열과 지열 이용, 폐비닐 등을 대체연료로 사용)를 이용한 시스템 개발이 필요하다. 이를 위해서는 다음과 같은 주도성, 기술성, 경제성, 자발성, 친환경성과 같은 전제조건이 필요하다.

첫째, 정부 주도의 개발 및 보급이 필요하다. 정부의 다양한 정책적인 지원에 힘입어 화석연료와의 가격 격차가 상당부분 줄어들고 있으나 농가의 대체 에너지의 보급 활용은 자생력을 확보하기에는 아직 역부족이다.

둘째, 실효성 높은 일관된 정책이 이루어져야 한다. 대체에너지의 자원량을 활용할 수 있는 '기술성과 경제성 확보'를 위한 지속적인 노력은 물론 농가의 자발적인 참여와 민간자본 유입을 촉진해 농촌 활성화를 유도해야 한다.

셋째, 대체에너지 사용의 문제점에 대한 해결대책이 뒷받침되어야 한다. 현재 대체에너지의 초기투자비용이 비싸고, 효율성 검증이 미약하다. 또 고유가 극복을 위해 정부가 대체에너지 시설을 보급하면서 이런 대체 에너지 시설에서 나오는 악취와 매연으로 인근 주민들이 겪고 있는 불편을 소홀히 해 분쟁의 불씨가 되고 있다는 사실이다.

이제 연료사용만 규제하면 된다는 생각은 바꿔야 한다. 농가의 대체에너지 활용도 하나의 창조경영이다. 과거 에너지 절약방식에서 벗어나 영구성과 친환경성을 추구하는 청정에너지 이용방식이 농가의 경쟁력을 보장해 줄 것이다.

54. 농업도 문화 볼륨 높여야

역사의 동반자는 문화였다. 인류가 출현한 이래 수많은 문화가 역사와 함께 했지만 지속성을 지닌 문화는 그리 흔치 않았다. 대부분의 문화는 왜 지속되지 못하고 자생력을 잃고 마는 것일까? 답은 간단하다. 생명문화가 아니라서 그렇다. 산업의 시각에서 보면 생명문화는 공업으로부터는 절대 얻을 수 없다. 공업은 인간의 육체, 두뇌마저도 기계로 바꿔버리기 때문이다. 아무리 공업이 발달하고 생명과학이 발달해도 인간은 아직 나뭇잎 하나 만들지 못한다. 그렇기 때문에 인간은 자연 앞에 겸허해지고 자연에 대해 솔직한 정감을 갖는다.

반면 농업은 단지 농산품을 생산하는 것에 그치지 않고 자연 풍경을 보존하고 국토를 보살핀다. 그래서 농업 그 자체를 생명산업, 개성적인 문화 창조라고 평가하는 견해가 많다. 특히 자연 의학적 관점에서 농촌은 자연과 먹을거리를 얼마든지 자연 의학적으로 상업화, 산업화할 수 있기 때문에 도시민의 비상구요, 요람처, 의료원 등으로 불리어지기까지 한다. 또한 농업은 문화의 기초인 동시에 건강, 웰빙, 무병장수, 친환경 등의 근간이 된다. 그래서 도시의 공해와 스트레스에 찌든 우리를 평안하게 감싸준다.

인간은 본래 이성적인 존재이면서 동시에 정감의 지배를 받는 존재라고 한다. 삭막한 환경에서 생활하는 도시인들이 신선한 공기와 물, 산야의 신록이 있는 고향 농촌을 찾아나서는 것 자체가 인간이 정감을 갖고 있다는 증거다. 이성과 정감이 조화를 이뤄야 인간은 인간답게 살 수 있는 바, 도시인들은 그러한 생활방식을 강렬하게 찾고 있다고 볼 수 있다.

선진 농업국의 경우 프랑스는 문화 볼륨을 높이는 데 앞장선 나라 중의 하나다. 프랑스는 전형적인 농업국가이면서 과학기술이 발달한 나라로 꼽힌다. 즉, 농업발달의 토대 위에 오늘날의 과학기술을 이룩할 수 있었다. 그들은 농업이 있기 때문에 가족적이며 여유 있는 인간관계와 안정된 사회질서를 유지할 수 있었다. 또 식량의 자급자족, 훌륭한 식생활 문화, 뛰어난 예술, 지방색 있는 문화유산에 대한 우월감 등 일상생활 속에서의 지적, 문화적 자극이 프랑스의 독창적인 과학기술로 발전했다고 할 수 있다. 그 때문에 이들 나라들은 오늘날의 농업을 생명농업, 문화농업이라고 부른다.

이제 우리 농촌도 문화로 승부하는 시대다. 도시사람들을 유인할 수 있는 생명문화의 볼륨을 높여야 된다. 그러기 위해서는 다음과 같은 문화요소를 갖춰야 한다.

첫째, 문화는 지방색이 있어야 한다는 점이다. 문화는 본래 경작(耕作)을 의미하는 말이다. 경작이란 땅을 갈고 작물을 재배하는 것이다. 경작하는 방법은 토양에 따라 다르고 작물이 다르면 식품과 식생활도 다르다. 고장마다의 식생활 주거생활 등 생활방식이 곧 문화다. 이를테면 축제, 종교, 건축, 예능, 언어, 풍습, 역사, 전통처럼 각 지역마다 뿌리를 내리고 있는 생활방식이 문화인 것이다.

두 번째는 문화는 직접 논밭을 갈고 농작업을 하듯 자기 스스로의 손발과 머리를 써서 직접 창조하는 것이란 점이다. 훌륭한 예술작품을 접하고 음악의 명연주를 감상하는 것도 물론 중요하지만 스스로 음악을 연주하고 그림을 그리고 연극을 해보고 도자기를 구워보고 요리를 직접 만들어 보는 등 자신의 손발과 머리를 사용해 무엇인가 창조해 보는 것이 보다 중요하다.

세 번째로 문화에는 수확의 즐거움이 있어야 한다. 수확의 즐거움이 있기 때문에 인간은 땅을 일구고 농작물을 재배한다. 창조의 결과에 대한 즐거움이 최고의 즐거움이다.

농업이 있어야 문화가 발생하고 과학기술이 발달한다. 산업사회는 농업의 기초 위에서만 가능하다. 농업을 경시하고 농업이 없는 나라의 국민은 마음이 고독해지고 상처받기 쉬울 뿐만 아니라 지방토양에 뿌리를 내린 문화 자체가 쇠퇴해지고 만다.

55. 북해도 비에이(美暎)읍이 주는 교훈

　가을이다. 가을추수의 풍요로움이 가득차야 할 때다. 그
러나 농촌은 깊은 절망에 빠져 있다. 농사는 밑지기 일쑤
고, 세계무역기구와 자유무역협정의 파고는 속절없이 밀려
오는 사면초가의 형국이다.

　그러다보니 젊은이들은 농촌을 떠나고 농촌은 영세 고령
농화가 되고 있다. 세 명 중 한 명은 65세 이상 노인이다.
쇠약한 노인들에 의존해 농촌의 명맥이 이어오는 셈이니,
그래서 농업이 어렵다고들 한다. 이를 반영하듯 농촌의 미
래에 희망을 걸 수 없다면 빨리 포기하는 것이 좋다는 주장
도 솔솔 제기되고 있다. 이른바 시장실종, 미래에 대한 기대
실종, 농가들의 자신감 실종 등 이른바 3대 위험증상이다.

　오늘의 농촌을 두고만 볼 수 없는 이유가 여기에 있다.
사망진단이 내려지기 전에 인공호흡을 해서라도 활력을 불

어넣어야 한다. 어떻게 하면 농촌을 살릴 수 있는가. 출발점은 농촌에 희망을 불어넣는 현실적 방안을 모색하는 데서 비롯돼야 한다.

그런 의미에서 일본 북해도 비에이(美暎)읍의 사례를 되짚어 볼 필요가 있다. 인구 1만 명의 작은 농촌형 도시가 농촌의 자연경관과 풍요로운 농촌 모습으로 100만 명의 관광객을 유치하고 있다. 비에이읍은 북해도의 중앙에 있고 북해도 제2의 도시인 아사히가와와 라벤더공원으로 유명한 후라노시의 중간에 있다.

면적은 도쿄의 면적과 비슷하고 70% 이상이 임야이고 15% 정도만 밭으로 되어 있다. 이 밭을 중심으로 푸른 초원과 완만한 언덕 그리고 파란 하늘이 더없이 사람들의 마음을 상쾌하게 한다. 공장유치로 지역을 발전시키려는 노력을 하기보다는 이러한 자연경관과 어메니티를 최대한 보존하고 가꾸어 관광객을 유치하는 데 성공한 것 같다. 아시아나항공이 인천에서 직항편을 취항한 이유도 자연경관이 아름다워서라고 한다.

이곳은 감자와 사탕무, 콩을 주로 재배하는 흔히 볼 수 있는 순수한 농촌이다. 언덕에는 아름다운 서양풍의 주택이 한두 채씩 보인다. 드넓은 사탕무, 해바라기 밭 한가운데 조그마한 원두막이 있고 주변에는 사탕무밭과 원두막을 배경으로 사진을 찍기 위해 모여 있는 관광객들이 줄을 지어 서 있다.

농업을 기간산업으로 하고 '언덕의 동네 비에이'라는 캐치프레이즈로 관광을 추진해 관광객의 수가 매년 증가하고 있고 대도시에서 신규 전입자도 많다고 한다. 식품과 관광 관련 산업도 활기를 띠고 있다.

일본 내에서도 보기 드물게 독특한 자연경관이 아름다워 '일본의 가장 아름다운 읍면연합'에도 가입돼 있다. 또한 하늘이 언제나 가을 하늘처럼 높고 푸르고 맑고 자연경관이 아름다워 예술인들이 많이 모이는 곳으로도 유명하다. 사진, 그림, 도자기, 드라이플라워, 목공예, 칠기, 유리공예 등 예술작품을 전시하고 제작 판매하는 곳도 32개소가 전망 좋은 언덕에 드문드문 서 있다.

체험상품도 다양하다. 목각과 옥수수껍질인형, 스탠드글라스 등 다양한 창작문화체험이 관광객의 여유시간 여부에 따라 가능하다. 10여 곳의 농장에서는 착유, 감자 버찌수확, 요리체험, 소시지 만들기 등이 가능하다. 야외체험으로 자연학교 가이드의 안내로 원시림 산보가 가능하고 스탠드글라스램프 만들기, 도자기 만들기, 전동자전차언덕여행, 행글라이더체험이 가능하다.

어메니티와 자연경관을 지키기 위한 노력도 대단하다. 비에이읍은 지역활성화의 지침으로 '살기 좋은 마을 만들기 조례'를 제정했다. 그리해서 활기 있는 경제 산업, 인정

넘치는 사회복지, 건강한 주민생활, 발랄한 인재육성, 모두가 참여한 살기 좋은 지역사회 건설을 목표로 풍요롭고 여유 있는 전원환경을 창조하고 있다.

이처럼 비에이읍 사례는 한국 농촌사회에 적지 않은 교훈을 던져준다. 우리 농촌 마을도 한 단계 업그레이드된 마을 발전프로그램이 나왔으면 한다.

56. 10년 후 농촌, 무엇을 먹고 살 것인가?

　한국 경제의 향후 10년은 낙관보다 비관이 지배적이다. 하지만 이런 상황을 받아들이고 항상 앞날을 준비하는 자세를 갖고 행동해야 한다. 특히 대내외적으로 경쟁력이 열악한 농업분야는 더더욱 그렇다.

　쌀을 제외한 대부분 농산물에 대한 관세를 10년에 걸쳐 철폐하고, 위생검역부문도 완화한다는 극단적인 경우를 가정할 때, '10년 후 농촌 무엇을 먹고 살 것인가'라는 문제는 농가들로서는 단순한 농업경영 전략을 넘어 생존 문제로 연결되는 '미래 화두'나 다름없다.

　중국과 일본을 비롯한 글로벌 농업의 반격이라는 틈바구니에서 한국 농업이 순항하기 위해서는 미래의 먹을거리 확보가 그만큼 중요하기 때문이다. 다행히도 다양한 농산물 명품이 적은 우리 농촌은 우수한 향토자원과 1사 1촌 운동과 같은 국민적 열정을 갖고 있다.

따라서 10년 후 농촌성장을 보장받기 위해서는 '농촌 발전전략'을 확실히 짜야 한다. 즉 명품 농산물브랜드 개발, 도·농 상생을 통한 문화농촌 창조, 열정 경영, 강한 농업 육성 등을 구심점으로 해 농업성장을 이끌어내야 한다.

먼저 명품 농산물브랜드 개발이다. 명품개발을 위해서는 도시민들이 쉽게 인식하고 수용하는 '명성'과 브랜드의 뛰어난 품질을 입증할 수 있을 정도의 투철한 장인정신, 시간을 통해 검증을 받음으로써 '전통'을 확립해야 하며 도시민의 동경을 유발할 수 있는 '희소성'을 지니는 동시에 브랜드의 대중화를 막고 '농촌 마니아'를 많이 확보해야 한다.

둘째, 도·농 상생을 통한 문화농촌 창조다. 이제는 똘똘한 품목을 생산하는 것은 기본이다. 여기에 +알파가 '문화농촌'으로 가는 길이다. 우리나라의 경우 농산물 시장개방으로 농촌이 신음하고 있는 이때, 우리를 비웃기라도 한 듯 우리와 지형조건이 유사한 알프스산맥 일대의 유럽농촌은 여전히 생기가 넘치고 있다.

왜 그럴까. 해답은 간단하다. 오래전부터 문화농촌을 만들어 왔고 현재도 변치 않고 가고 있다는 것이다.

실례로 프랑스·미국·일본 등은 문화농촌을 만들어 농촌체험관광을 통한 농외소득으로 80% 이상을 벌어들이고 있다. 우리도 도·농 교류활동을 도시민의 일상생활로 정착시키고 10년 후에는 농촌성장모델로서 정착돼야 한다.

셋째, 농촌성장의 비밀은 열정 경영에 있다. 열정적인 회사는 열정이 없는 회사보다 고객 충성도가 56%, 생산성이 36%, 수익성이 27% 높다고 한다. 또 사람의 몸만 고용해 쓰면 잠재력의 20%, 머리까지 고용해 쓰면 40%, 열정까지 다 사용하도록 하면 100%의 효과가 나온다는 연구도 있다. 이처럼 열정 경영은 회사를 바꾸고 개인을 바꾼다. 농촌도 마찬가지다. 열정이 없는 농촌조직은 살아남기 힘들다. 현대의 농촌 비즈니스는 곧 좋은 농촌인력을 얼마나 잘 활용하느냐에 그 성패가 달려 있다.

때마침 귀농인 중심의 '마을 간사제도'는 매우 획기적이다. 이는 마을주민도 좋고 귀농자도 도움이 되는 상생(相生) 전략이라 할 수 있다. 다만 염려되는 것은 앞으로 마을간사의 열정적인 역할이다. 즉 마을개발 기획차원을 넘어 그 마을을 방문한 도시민을 위해 관광가이드 역할까지도 해낼 수 있는 열정이 관건이다.

넷째, 농업을 강한 사업으로 육성해야 한다. 농업은 가장 창조적인 산업인 동시에 또 하나의 비즈니스 산업이다. 어떻게 준비하느냐에 따라서 10년 후 농촌 경쟁력과 농촌 활로가 달라질 수 있다. 이를 위해서는 농업을 강한 사업으로 육성해 모든 사람들에게 농업도 돈 되는 산업이라는 인식을 심어줘야 한다.

그런 의미에서 명품 농산물브랜드 개발, 도·농 상생을 통한 문화농촌 창조, 열정 경영, 강한 농업육성 등과 같은 발전전략이 10년 후 우리 농촌의 미래를 보장해주는 확실한 길이라고 생각한다.

57. 국향대전의 태풍효과

한 송이의 국화꽃을 피우기 위해 봄부터 함평나비는 그렇게 울었나 보다. 봄날에 나비의 날갯짓을 빼고, 가을날에 국화를 빼면 어떻게 될까? 사람의 마음도 그만큼 차가워질 것이다. 나비는 5월을 더 따뜻하게 만들고, 국화는 가을을 더욱 풍요롭게 해 주는 꽃이기 때문이다.

요즘 농촌은 개방파고로 인해 농업은 산업구조상 수혜는 가장 적고 피해는 가장 크게 나타날 수밖에 없다. 정부는 FTA의 체결로 상대적인 피해를 보게 된 농업분야에 파격적인 조치를 취하겠다고 밝히고 있지만, 정부 당국의 확고한 의지와 일관된 노력 없이는 농업·농촌의 가치와 위상은 갈수록 땅에 떨어질 수밖에 없다.

농촌도 FTA 체결의 국가적인 논리나 대세에 그대로 지역농업의 미래와 운명을 의탁해서는 곤란하다. 비록 농업이 대세를 거스르기 어려운 측면이 있다 하더라도 지역농업의 가치와 이익창출에 관계되는 아이템을 찾아내야 한다.

그런 의미에서 전남 함평의 나비축제와 국화축제의 사례는 본보기가 된다. 함평군은 관광자원이 거의 없는 열악한 지을에는 국화꽃 대전을 창안해 매년 200만 명 이상의 외지 관광객들을 유치하고 있다.

10월 29일부터 시작된 국향대전은 전남 함평군 대동면에 있는 함평 자연생태공원에서 열리고 있다. 축제의 첫날 나는 함평천지를 찾았다. 자연생태공원을 통째로 국화 향기로 물들여 놓았다고 해도 결코 지나친 말이 아니다. 규모도 자그마치 3만 3천㎡를 넘는다. 한쪽에선 국화꽃 따기 체험 등 품격 높은 체험 프로그램들이 다양하게 만들어져 있다.

게다가 올해부터는 세계 나비·곤충 엑스포를 개최하는 등 무에서 유를 창출하는 함평천지의 기적은 멈추지 않는다고 한다. 이는 엄청난 부가가치와 소득을 지역에 안겨주는 나비효과를 만들어내고 있다.

특히 친환경 농업을 관광사업과 연계한 대목에 주목할 필요가 있다. 즉 환경에 대한 가치가 높아짐에 따라 환경농업이 고소득의 아이템으로 옮아가고 있는 시점에서 함평군이 농촌어메니티의 실현의 장으로서 이미지를 제고시키기 위한 전략이 맞아떨어진 것이다. 함평군은 나비와 국향대전을 통해 친환경농업의 이미지가 확립됐고, 이러한 친환경이미지를 다른 농산물에 연계함으로써 경쟁력이 높아지고 있다. 이렇게 농업생산과 관광체험을 연계시킨 국화꽃·나비의 날갯짓은 지역주민과 대한민국 관광객 모두에게 만족을 줄 수 있는 태풍효과를 예고하고 있다.

이처럼 지역축제는 무궁한 가능성을 지니고 있다. 전 세계적으로 유명한 농촌지역 축제들은 그 지역홍보에 큰 역할을 할 뿐만 아니라 그 지역의 가장 큰 수익사업이자 문화사업이 되기도 한다. 국내의 농촌지역축제들도 잘만 수행된다면 참가자들에겐 독특한 경험과 추억을 지역사회에겐 지역 브랜드 개발과 수익창출 및 국토균형발전에 큰 역할을 수행할 수 있다고 생각한다.

이런 가운데 함평천지의 성공은 매우 돋보인다. 얼마 전까지만 해도 대다수의 국민들은 함평이란 지명이 있었는지조차도 몰랐던 것을 생각하면 '함평 나비의 날갯짓'이 전국에 '태풍효과'를 가져오게 된 정말 대단한 성과라고 생각된다.

다만 지자체별로 축제가 난립하는 상황에서는 시장의 크기와 잠재력을 보고 들어가기보다는 시장의 변화를 관찰하고 들어가는 패러다임의 전환이 필요하다. 그러기 위해서는 나무도 보고 숲도 볼 줄 알아야 한다. 해마다 5월이 되면 함평에서는 나비를 주인공으로 하는 축제를 벌이고, 가을이면 국향대전을 펼친다. 국화꽃·나비의 날갯짓은 보드랍지만, 그 위력은 실로 대단한 것임에는 틀림없다.

58. '농(農)'은 도시민의 시민농원

농업을 의미하는 애그리컬처(agriculture)란 '땅의 문화'를 의미한다. 농업은 식량을 생산하는 동시에 사람이 살기에 적합한 환경을 조성하고 다양한 전통문화를 형성하는 데 큰 역할을 담당해 왔다. 농촌사회는 농업생산 활동에서 유래하는 다양한 전통문화를 보전하며, 지역자연환경을 보호하고 지역공동체를 유지하는 기능을 수행해 왔다.

1) '철'이 없는 도시

반면 도시에는 '철'이 없다. 더욱이 아파트에는 '철'이 없다. 인공의 공간에서 살아가는 도시민들, 그들은 계절의 변화에 둔감할 수밖에 없다. 그러나 농촌에서는 철과 더불어 살아가게 된다. 봄철에는 씨를 뿌리고, 여름철에는 김을 매며, 가을철에 수확을 하는 가운데 '철'을 느끼고 '철'이 든다. 오늘날 도시민들이 농촌을 찾아가는 이유 중의 하나가 여기에 있다.

특히 농촌의 특성이 살아 있는 어메니티(경관)는 우리 농촌이 갖고 있는 귀중한 자원이다. 어메니티(경관)는 도시가 흉내 낼 수 없는 자원이다. 즉 농촌다움을 보존하고 있는 매력 있는 자원이다. 여기에는 자연자원, 문화자원, 사회자원이 있다. 자연자원에는 수자원, 지형자원, 동식물자원, 환경자원 등이 속하고 문화자원에는 전통문화, 사찰, 돌담길, 전통가옥 등이 해당한다. 사회자원에는 시설자원, 경제자원 등이 있다.

휴가철에 유럽을 여행하고 전원 풍경의 아름다움을 극찬하는 사람들이 많다. 그 아름다움은 거저 된 것이 아니다. 온 국민이 꾸준히 노력해서 얻은 결과다. 아름다운 전원경관을 유지·보존하는 것은 국가의 품격을 높이는 길이고 농촌 활성화를 위한 중요한 수단이기도 하다.

지난여름 녹색농촌체험 확산을 위해 농업과학기술원 농촌자원개발연구소는 방학을 이용하여 초·중·고등학생이 가족과 함께 농촌의 자연경관, 특산자원과 생태환경, 역사자원, 전통문화, 지명유래 등에 대한 정보를 미리 알고 보다 체계적으로 농촌을 체험할 수 있도록 배려했다.

또한 올해 초 편찬한 농촌 고유의 자원정보를 수록한

'농촌어메니티 100선'은 각 농촌지역의 다양한 경관 사진과 자원의 위치 및 속성, 마을 소개, 찾아가는 길, 마을 지명 유래에 대한 어메니티 자원의 기본현황을 잘 보여주고 있다.

대표적인 사례로는 봉우리가 아름답고 청학이 서식하는 뛰어난 경치에서 유래한 청학마을(경상남도 하동군 청암면 청학마을), 소설 토지(土地)의 무대로 유명한 평사리(경상남도 하동군 악양면 평사리), 전래 문화유산이 잘 보존된 하회마을(경상북도 안동시 풍천면 하회리), 그리고 인조 임금이 이관의 난으로 피난하던 중 소에게 물을 먹인 소우물에서 이름이 유래된 공주시 우성면(충청남도 공주시 우성면 죽당리) 등과 같이 각 지역의 어메니티 자원에 대한 흥미로운 정보를 제공하고 있다. 아울러 2005년 어메니티 자원도 구축사업을 시작해 현재까지 약 1만 1,589개 마을을 대상으로 농촌다움과 쾌적한 환경을 지닌 16만 1천여 건의 어메니티를 발굴했다.

2) 농촌은 다면적인 문화 영역

이처럼 농업 농촌은 시장경제의 틀로서만 포용할 수 없는 인간의 삶에 총체적으로 영향을 미치고 있는 다면적인 문화의 영역이다. 농업 농촌이 갖는 다면적인 기능을 생각할 때 농업 농촌의 지속적인 발전은 공동체와 문화의 존속을 의미한다.

본래 농업과 농촌은 공업과 도시의 파트너다. 그것은 농업인이 공업생산물을 구매하는 국내시장의 고객이기 때문만은 아니다. 농업인은 도시의 자금과 정보 그리고 시설을 이용하지만 도시민은 농산물 외에도 농촌의 정감 있는 분위기를 호흡하며, 토지의 자양분을 흡수한다. 따라서 '농'은 도시에 살고 있는 사람들의 자립도를 높이는 터전인 동시에 상호 협조와 보완이 필요한 시민농원이다.

59. 미국 농정이 주는 교훈

농업은 단순히 식료나 타 산업의 원료를 생산하는 산업 행위만이 아니라 그것이 가지는 몇 배의 초경제적 기능과 역할을 하고 있다. 그래서 농업은 일상생활에 없어서는 안 될 중요한 산업이다. 하지만 농업은 타 산업의 방식과는 다르다. 그 생산에 소요되는 기간이 길고, 생산 형태가 연속적이고 순환적이다. 게다가 한국 농업은 경영 규모가 소농 구조인 까닭에 대농 구조인 서구 농업에 비해 상대적 열위성을 면치 못하고 있다. 그래서 한국 농업은 위축될 수밖에 없다. 따라서 우리 농업을 정확히 알아야 한다. 즉 올바른 농업관이 필요하다는 얘기다.

1) 농업관이 투철했던 미국의 역대 대통령들

농업관이란 본래 농업의 가치, 의미, 목적 등에 대한 종합적인 인식과 태도를 말한다. 잘못된 농업관은 비단 농업만 쇠퇴시키는 것이 아니라, 나라 전체를 어려움에 빠트릴 수 있다. 미국의 역대 대통령들의 농업정책을 보면 대통령의 농업관이 얼마나 투철한지 짐작할 수 있다. 조지 워싱턴은 토지를 보호하고 개선하기 위한 농법. 오늘날 소위 말하는 지속가능한 농법을 이용했다. 토마스 제퍼슨은 확실한 중농주의자로 광활한 루이지애나 영토를 매입해 가족농을 적극 옹호했다. 링컨은 미 농무부를 발족시켰으며 서부의 농지를 개척해 5년간 정착한 사람들에게 65ha를 소유토록 한 가산법을 1862년 제정했다. 이 법으로 1990년까지 약 50만의 농가가 정착 토지를 취득했다. 프랭클린 루스벨트는 1935년 토양보전법을 만들고, 1937년에는 전국에 3천 개소의 토지보전위원회를 만들었다. 농업의 중요성을 강조한 위인들도 많다. 인도의 네루 수상은 모든 일을 미룰 수 있어도 농업만큼은 절대 미룰 수 없는 일이라 해서 농업투자의 중요성을 강조했다. 노벨 경제학상을 받은 쿠즈네츠 교수는 후진국이 공업발전을 통해 중진국까지 도약할 수 있으나 농업발전 없이 선진국이 되는 것은 불가능하다고 갈파했다. 프랑스의 경제학자인 미라보는 농업을 상공업의 뿌리라고 역설했다.

이제 오바마 후보가 미국 대통령에 당선됐다. 오바마가 생활 무대로 활약했던 곳은 시카고다. 오바마에게 각별한 이곳은 중서부의 끝없이 펼쳐진 광활한 옥토에서 생산되는 농산물의 집결지이다. 또 미국 최고의 농업기반도시에 해당된다. 오바마의 농업·농촌 관련 공약은 크게 공정무역 강화와 기후변화 대응, 친환경 대책(가축시설 규제 완화, 유기농업 육성, 재생에너지 육성 등)이다. 그리고 우리 농업에 직접 영향을 미치지는 않지만 우리가 본받을 만한 공약으로는 '가족농의 경제적 기회 보장'이다. 가족농의 확고한 존립기반 유지는 농업 발전뿐만 아니라 국토의 균형발전과 농촌 지역사회의 유지에도 중요하기 때문이다. 또한 농업·농촌 정보통신기반 구축을 통한 지역농업 활성화와 농업인 삶의 질 향상을 위한 보건의료정책, 농·어촌학교 환경의 개선 및 우수교사 유치, 지산지소형 학교급식 정책 등은 우리가 타산지석으로 삼을 만하다.

농업부문의 글로벌무역주의 확산과 농업정보기술(IT) 진전, 운송수단의 발달로 정보취득이 쉬워지고 거래비용이 점차 감소되는 추세에도 미국 등 선진국은 이 같은 농업의 유지를 국가경쟁력의 관건으로 보고 적극 대책을 강구하고 있다. 이는 농업이 외부경제 창출 등 국가경쟁력에 유리하고 사회경제의 안정성을 조장하기 때문이다.

2) 식량안보 차원에서 농업문제 챙겨야

이제는 우리도 벼랑에 내몰린 농업인의 생활향상과 식량안보 차원에서 농업문제를 다시 챙겨봐야 한다. 지난해 국제 곡물 값 급등으로 '식량주권문제'가 세계적 화두로 등장했다. 우리의 식량자급률은 27%에 불과해 세계 식량전쟁에 무방비 상태다. 우리가 마음껏 마시고 숨 쉬는 물과 공기가 농촌으로부터 공급되고 민족의 화합과 아름다운 문화 전통이 이를 통해 이루어지고 있다는 사실을 깊이 깨달아 우리의 농업을 가꾸고 농촌을 살리는 데 적극적으로 나서야겠다.

유상오

유상오 님은 경희대에서 조경학과, 연세대에서 도시계획 석사를 취득했으며 일본 지바대학에서 환경계획학 박사를 수여했다. 대한주택공사 도시개발사업단, 택지계획처 연구부장, 경향신문 도시 및 환경분야 전문기자를 거쳐 현재 (주)그린투어컨설팅 대표로 있다. 농림부, 농진청, 산림청 자문위원이며 한국농촌관광학회 상임이사, 농산어촌 어메니티연구회 부회장으로 활동하고 있다. 서울시 청계천복원시민위원회 위원, 녹색위원회 위원, 환경영향평가위원, 녹색연합 녹색도시위원장으로도 활동했다. 평생 주제로 '도시와 농촌이 상생하는 모델'을 개발하고 있으며, 동대문운동장 공원화, 양재천 양재-과천 구간 자전거도로 설치 등을 최초 제안했다. 경향신문 재직 시 중앙언론 최초로 약 3년간 농촌 어메니티와 그린투어를 매주 소개해 도농 교류와 농촌자원 활성화에 기여했다는 평가를 받고 있다. 현재 경북 상주 외서면에 '도농 교류 무장애공간'을 조성하고 있으며, 이를 통해 은퇴 이후의 사람들의 희망과 도시와 농촌의 소통과 상생 방안을 마련하고 있다. 하지만 어려워 무척 고생을 하고 있다.

전성군

전성군 님은 전북대학교 및 동대학원을 졸업(경제학 박사)하고 미국 ASTD, 캐나다 빅토리아대학에서 연수했으며, 현재는 농협인재개발원 교수이자 건국대 겸임교수, 한국 농산어촌 어메니티연구회 운영위원, 국제협동조합학회 회원, 농민신문 객원논설위원, 농협대학 객원연구위원, 시인(자유문예 작가협회 회원) 등으로 활동 중이다. 농업 및 협동조합이론 전문가로서, '초원의 유혹', '초록마을 사람들', '최신협동조합론' 등 다수의 저서가 있다.

그린세담 ^{世談}

초판인쇄 | 2009년 4월 20일
초판발행 | 2009년 4월 20일

지은이 | 유상오, 전성군
펴낸이 | 채종준
펴낸곳 | 한국학술정보㈜
주　소 | 경기도 파주시 교하읍 문발리 513-5 파주출판문화정보산업단지
전　화 | 031) 908-3181(대표)
팩　스 | 031) 908-3189
홈페이지 | http://www.kstudy.com
E-mail | 출판사업부 publish@kstudy.com

등　록 | 제일산-115호(2000. 6. 19)
가　격 | 24,000원
ISBN 97　　　　　　　　　　　aper Book)
　　　978-89-534-2091-5 08040 (e-Book)

이담
Books 는 한국학술정보(주)의 지식실용서 브랜드입니다.